U0883982

职业教育学前教育专业课程改革创新系列教材

幼儿园教育活动设计与指导

（体能）

主　编　张　丹　徐春良　俞裕芝
副主编　杨凤荣　李　勇　夏德豹
参　编　寻斐斐　卢克静　李宏程　董方杰
　　　　李　阳　覃彬宁　段法霞
主　审　郝风伦　辛　宇

机械工业出版社
CHINA MACHINE PRESS

本书主要包括九个模块，其中模块一幼儿体能概述、模块二幼儿体能教育活动设计、模块九幼儿体能活动的计划与评价，这三个模块偏向基础理论介绍，也是模块三~模块八的实训基础。模块三~模块八从力量、速度、耐力、柔韧性、协调性、灵敏性六个方面对幼儿体能训练进行了讲述。此部分内容采用理论知识加实训的方式，贴近就业岗位实际，能为学生的就业奠定基础。

本书是一线教师在多年的教学经验基础上编写而成的，其创新性主要体现在模块内容的分类和实训形式上，同时能够有效提升学生的教学技能水平。本书可以作为职业院校学前教育专业的专业课教材，也可以作为幼儿园和幼教机构中一线教师继续教育和进修的参考用书。

图书在版编目（CIP）数据

幼儿园教育活动设计与指导. 体能 / 张丹，徐春良，俞裕芝主编. —北京：机械工业出版社，2024.4
职业教育学前教育专业课程改革创新系列教材
ISBN 978-7-111-75634-7

Ⅰ. ①幼… Ⅱ. ①张… ②徐… ③俞… Ⅲ. ①学前教育-身体训练-教学活动-教学设计-职业教育-教材 Ⅳ. ①G613

中国国家版本馆CIP数据核字（2024）第076082号

机械工业出版社（北京市百万庄大街22号 邮政编码100037）
策划编辑：刘益汛　　　　责任编辑：刘益汛　舒　宜
责任校对：曹若菲　薄萌钰　　封面设计：陈　沛
责任印制：单爱军
北京虎彩文化传播有限公司印刷
2024年6月第1版第1次印刷
210mm×297mm · 11印张 · 180千字
标准书号：ISBN 978-7-111-75634-7
定价：45.00元

电话服务	网络服务
客服电话：010-88361066	机　工　官　网：www.cmpbook.com
010-88379833	机　工　官　博：weibo.com/cmp1952
010-68326294	金　书　网：www.golden-book.com
封底无防伪标均为盗版	机工教育服务网：www.cmpedu.com

前 言

幼儿是祖国的花朵，是未来和希望。幼儿体能发展是幼儿教育的重要组成部分，幼儿教育越来越受到广大家长和全社会的重视。目前，职业教育正在蓬勃发展，一位专业的幼儿教师不仅要掌握扎实的理论知识，还要掌握精湛的教学技能。我们在本书的编写过程中，充分考虑了学生未来的就业岗位和技能，贴合学生未来就业实际，让学生走上工作岗位之时即可胜任，并且能够提升学生的自我学习能力与创新能力。本书由一线教师根据多年的教学经验编写而成，有以下特点。

1. 结合一线教师教学、实习经验进行了创新

内容采用了理论加实训的编写方式，不仅可以让学生掌握理论知识，而且通过模拟未来幼儿教学课堂，有效提升学生就业技能，为其未来就业夯实技能基础。

2. 内容全面，符合最新幼儿教育的趋势

实训内容分为力量、速度、耐力、柔韧性、协调性、灵敏性六部分，符合幼儿身体发育的实际情况。在本书的编写过程中，我们注意了幼儿体能与青少年和成人体能的区别，使内容更加科学合理。

3. 趣味性强，符合职业院校学生学习情况

本书采用列举实例的方式，讲解体能教育活动设计的方法。在示例中，我们配了大量的示意图，简洁明了，学生学习起来方便快捷，趣味性强，并加入小组展示环节，小组成员模拟教师和幼儿角色，让课堂活泼有趣。

4. 在活动设计过程中加入小组研讨，培养学生的自我学习能力和创新能力

在活动设计中，加入学生研讨学习过程，要求学生查找资料，确定设计方案，填写方案表，鼓励学生利用网络、图书等收集资料，完成自我学习，并进行创新性的体能教学设计。

5. 适用范围广泛，实用性强

本书主要作为学前教育专业基础课的教材，在实际授课过程中，可以结合学前教育专业学生的体育课进行融合教学，达到让学生在体育课中学习设计幼儿体能课的效果。

本书由张丹、徐春良、俞裕芝担任主编，杨凤荣、李勇、夏德豹担任副主编，参与编写的还有寻斐斐、卢克静、李宏程、董方杰、李阳、覃彬宁和段法霞。本书由郝风伦、辛宇主审。

本书在编写过程中参考了《3~6 岁儿童学习与发展指南》《幼儿园教育指导纲要》，同时也参考了大量的教材和论文等资料，在此对以上资料的作者表示感谢。

我们在编写过程中力求准确、完善，但书中难免存在疏漏与不足之处，恳请广大读者批评指正。

编　者

目　录

模块四

幼儿速度训练

模块五

幼儿耐力训练

模块六 幼儿柔韧性训练

模块七 幼儿协调性训练

模块一　幼儿体能概述

学习目标

- 掌握体能与幼儿体能训练的基础知识。
- 掌握体能训练的内容与方法，并能根据实际情况灵活运用。
- 掌握幼儿运动损伤与保健的知识，在进行幼儿体能训练教育活动的设计、模拟幼儿教育课堂时能够保证幼儿安全。

知识1  幼儿体能基础知识

3~6 岁是幼儿运动技能形成与发展的黄金期，是奠定基础动作、培养良好运动能力的关键期。科学合理的体能训练可以开发幼儿的运动潜能，培养幼儿良好的运动习惯，全面提高幼儿的身体素质，为他们终身体能的发展与强健体魄的塑造打下良好的基础。

一、幼儿体能的含义

（一）体能的定义

体能是通过力量、速度、耐力、协调性、柔韧性、灵敏性等运动素质表现出来的人体基本的运动能力，是运动员竞技能力的重要构成因素。体能是具有全能性的，是一切运动的基础，所有的运动项目都包含体能训练的部分。不同的运动项目对人的运动素质有着不同的要求，如举重主要靠力量，长跑主要靠耐力，柔韧性的好坏对体操运动员完成技术动作的幅度有着重要影响，协调能力对羽毛球选手在不断变换的对抗性竞技中的技术表现有着重要影响。

（二）幼儿体能的定义

幼儿体能，也称体适能，是指幼儿能保证日常生活、学习和运动而又不易疲劳的身体适应能力，包括基本动作和身体素质。3~6 岁幼儿体能的发展，主要通过体能游戏、体操、体能活动等运动形式来实现。幼儿体能训练本身不是严格意义上的训练，而是兴趣和感能的培养，在玩耍的过程中激发幼儿兴趣，同时学习运动技能。幼儿体能的训练应围绕着健康、形态、机能、技能等进行。

（三）幼儿体能与幼儿体育的关系

幼儿体能与幼儿体育有着密切的联系，二者同属于健康的范畴，有着共同的目标。幼儿体育活动能有效促进幼儿体能的发展，经常参加体育活动的幼儿，其肌肉的力量、动作的协调性、身体的灵敏度、平衡能力等均有不同程度的提升。无论

是体能训练还是体育活动，均应遵循幼儿的身体发展规律开展，如根据幼儿运动系统的发育特点，不宜使用无氧运动的形式锻炼耐力，不宜过度锻炼幼儿的身体柔韧性等。

幼儿体能与幼儿体育之间也有区别，幼儿体能着重通过力量、速度、耐力、协调性、柔韧性、灵敏性等训练来提高幼儿的身体适应能力，相比于幼儿体育活动，针对性更强，训练的效果也更显著。

二、幼儿体能训练的内容与方法

幼儿体能的训练与传统意义上的青少年或者成人的训练有显著不同，作为一名准幼儿教师，要牢固掌握幼儿体能训练的内容与方法。

（一）幼儿体能训练的内容

1. 幼儿力量训练

力量训练可以使幼儿各运动器官达到良好的运动状态，有效地避免和预防运动损伤，是幼儿掌握专项运动技术、提高运动成绩的基础。3~6 岁的幼儿正处于生长发育的重要时期，身体新陈代谢旺盛。按照自然发育规律，幼儿在骨骼生长的同时，骨骼肌也会发生相应变化，但肌肉组织的增长往往落后于骨骼的生长，肌肉发育不平衡，再加上骨骼的骨化尚未完全完成，弹性和柔韧性较大，极易受外界因素的影响，稍不注意便可能发生肢体畸形，影响骨骼的生长发育。

针对幼儿进行的体能力量训练，主要通过克服其自身的体重来进行，如俯卧撑、仰卧起坐、两头起、靠墙倒立等。也可以进行“小力量练习”，进行力量练习后与跑跳结合，与幼儿身体发育的灵敏性、协调性等相结合，但是不能一味地追求力量练习。

2. 幼儿速度训练

速度素质是人体快速运动的能力，是运动的基本素质，适当的速度锻炼能够增强心肺功能，促进肌肉和骨骼的发育。它包括三个方面——反应速度、动作速度、移动速度，分别对应了对各种刺激快速反应的能力、快速完成动作的能力和快速移动某一段距离的能力。幼儿反应速度训练，可以结合游戏化和情景化开展，如与幼儿进行抛球接球游戏，幼儿的动作速度和移动速度训练则要与力量、耐力、协调性等进行合并练习，重点不在于幼儿跑得快不快，而在于能不能掌握跑的动作要领，会不会正确地跑，为小学阶段的速度练习打下基础。

另外，针对幼儿进行速度训练时，要结合幼儿的个体发育特点和学习兴趣，不宜开展枯燥的速度练习，要综合考虑力量、耐力、灵敏度和协调性等开展训练。

3. 幼儿耐力训练

耐力素质是指人在尽可能长的时间里进行肌肉活动的能力，也可以看作抵抗疲劳的能力，主要体现为肌肉耐力、心肺耐力和全身耐力的综合状况。耐力素质的提高与肌肉组织的功能、心肺系统的功能以及身体其他基础系统的功能密切相关。根据人体活动时能量供给的方式不同，耐力素质的训练可分为有氧耐力和无氧耐力。有氧耐力就是在氧气供给的肌肉活动中，呼吸循环机能的持久能力，如大家熟悉的长跑。有氧耐力运动的强度较小，单位时间内消耗的能量不多，呼吸和循环系统可以保证每分钟机体需氧量的供给，因此幼儿的耐力训练适宜采用有氧运动的方式，如带领幼儿远足，通过走路来锻炼幼儿的耐力。无氧耐力就是指在缺乏氧气供给的状态下，肌肉收缩的持久机能。无氧运动训练会代谢大量乳酸，幼儿如果采用这种训练方式，乳酸会淤积在幼儿肌肉或血液中并且得不到及时分解，这会对幼儿的神经末梢产生强烈的刺激，引起幼儿身体的不适感觉。因此，无氧耐力训练不能用于幼儿的体能训练。

4. 幼儿协调性训练

幼儿协调性素质是指幼儿在进行运动的过程中，调节与综合身体各个部分动作的能力，是一种综合性的能力。它是大脑高效运转的一项基础功能，在整个身体结构中起到枢纽作用。协调性的发展不仅有利于平衡和控制运动，还对学习和认知能力有着重要影响。协调训练对幼儿来说是至关重要的，甚至会影响其一生。协调性素质要求身体肌群作用的时机正确、动作方向及速度恰当，动作平衡稳定且有韵律性。协调性不仅受遗传、心理的影响，也与肌力和肌耐力、动作熟练度、身体平衡、柔软度等因素有关。

3~6 岁的幼儿身体各部位协调能力有限，身体的控制能力不强，协调性训练主要针对手眼协调、手脚协调、眼脚协调及反应能力等方面开展。

5. 幼儿柔韧性训练

柔韧性素质是指人体关节活动幅度以及关节韧带、肌腱、肌肉、皮肤和其他组织的弹性和伸展能力。在人的生长发育过程中，身体机能和素质是一个动态变化的过程，在一定年龄达到顶峰，再逐渐下降。而柔韧性素质有所不同，柔韧性会随年龄的增长不断下降，因此幼儿时期是进行柔韧性训练的黄金时期，幼儿通过科学的锻炼可以提高关节稳定性和活动能力，提高肌肉协调性，防止肌肉损伤，培养幼儿挑战自我的意志，矫正不良身体姿态。

柔韧性的训练较为枯燥，需要结合任务情境和丰富多样的练习方法开展。幼儿在进行柔韧性训练时，一定要做好准备活动，不要急于求成，练习得太快、幅度过大或者过猛。由于个体发育不同，教师在幼儿训练时不要过度对其施加外力，尤其是在冬季，进行锻炼时必须做好准备活动。

6. 幼儿灵敏性训练

灵敏性素质是一种加速、减速（快速制动）、变向（快速改变身体运动方向）和再加速的能力。灵敏性是速度、柔韧、力量等素质的综合反映，是所有身体素质的综合产物，其标志是身体快速、有效、爆发地移动，同时保持身体平衡。幼儿灵敏性受神经系统的支配，与幼儿体型相关性不强，如有的幼儿在走路或者运动的时候总是摔倒，手脚不能听从大脑的指挥，有很大一部分原因是其灵敏性不高，而有的幼儿虽然很胖，但是却很灵敏。

幼儿灵敏性可以通过快速躲避、拿接物品、球类对抗运动等进行训练。

（二）幼儿体能训练的方法

幼儿体能训练主要通过完成基本动作实现，在训练中可以综合选用基本动作设计训练方案。

1. 走

走，又称“走步”，是幼儿身体位置移动最基本、最自然、最容易和最省力的一种运动方式。走，能提高幼儿的平衡能力和协调能力，发展下肢肌肉的力量、耐力及心肺功能等，是一种非常好的有氧运动方式。幼儿的走包括直线走、曲线走、圆圈走、排队走、模仿走、变换姿势走、后退走、蹲着走等多种形式。

走的主要动作要领是：动作自然、放松，上体保持正直，两臂前后自然摆动，双脚自然迈步，一前一后，步幅适中；步伐适度且有节奏；两膝微屈、伸直交替运动；两脚脚尖稍向正前方，脚掌落地要轻，身体发生位置移动。走的动作如图 1–1 所示。

图 1–1　走的动作

2. 跑

跑，又称“跑步”，既是幼儿日常生活中最基本的活动技能，又是锻炼幼儿身体的重要手段。幼儿经常参加适当的跑步活动，可以有效地增强腿部的肌肉力量，提升幼儿的速度、灵敏性以及耐力等身体素质。而且，幼儿在跑步的过程中，还能积累有关时间与空间的经验，从而促使其时间知觉和空间知觉不断发展。跑和走属于不同的运动形式，它们之间最本质的区别在于：跑步时，两脚有一个同时离开地面的阶段，称为腾空阶段，而走步过程中始终有一只脚支撑地面，没有两脚同时离开地面的腾空阶段。正因为跑步具有腾空的一刹那，这就加快了人体位移的速度，同时也增大了步幅，所以跑步动作通常要比走步动作移动得更快。跑包括直线跑、曲线跑、折返跑、变速跑、协调跑、追逐跑、走跑交替等多种形式。

跑的主要动作要领是：上体正直，稍向前倾；两脚交替向前快速迈步，要有两脚蹬地和瞬间腾空的过程，落地时要轻；两手握拳；两臂屈肘于体侧，前后自然摆动。跑的动作如图 1–2 所示。

图 1-2　跑的动作

3. 跳跃

跳跃动作是幼儿需要学会的基本动作，也是锻炼幼儿身体的有效手段。跳跃动作的形式丰富多样，有立定跳远、双脚连续跳、单脚跳、单双脚交替跳、纵跳、助跑跨跳、模仿跳等，都深受幼儿的喜爱，同时这些都需要建立一个好的跳跃姿势，不能用膝盖内扣、内翻等姿势。

跳跃的主要动作要领是：屈膝，蹬地动作要快速、有力，两脚要有一定的腾空时间，落地时动作要轻，落地后保持身体平衡，同时屈膝缓冲。幼儿通过参加各种类型的跳跃活动，可以增强腿部的肌肉力量，发展弹跳能力、爆发力以及身体的灵敏性、协调能力，提高耐力素质，而且对幼儿视觉运动能力的发展也具有积极的促进作用。跳跃的动作如图 1-3 所示。

图 1-3　跳跃的动作

4. 投掷

投掷动作在日常生活中具有很高的运动价值。但是在生活中投掷往往被忽略，或者很多家长认为投掷就是看谁投得远。其实投掷动作分为投远和投准两种类型。其中，投远以投掷的长度为评价标准，其目的是将投掷物尽可能投得远一些；投准则是以投掷的命中率为评价标准，指尽可能地用投掷物击中指定的目标。对幼儿来说，投准动作要比投远动作更难一些。

投掷并不是臂力大就能投得远，而是需要一定的技巧，同时全身发力，尤其是激发腰腹部的力量。幼儿通过多种形式的投掷活动，可以增强上肢、腰、背等部位的肌肉力量，锻炼上肢的各个关节，促进身体的协调性及视觉运动能力的发展。

投掷的主要动作要领是：两脚前后开立，身体正对投掷方向，以右手为例，左脚在前，右脚在后，重心后移至右脚，上体稍后仰，左手瞄准投掷目标，右手持物举高，屈肘于肩上，手高过头，投掷时身体由下至上依次用力，具体为蹬地、上身由后向前移动、摆臂、甩腕，将物体掷出，出手速度要快，重心由后脚转移至前脚，投完后，身体保持直立姿势。投掷的动作如图 1–4 所示。

图 1–4　投掷的动作

5. 钻爬

钻爬具体分为钻和爬。钻爬的动作可以增强幼儿腿部和腰部的肌肉力量，提升幼儿身体动作的灵敏性、柔韧性和平衡性，以及身体的耐力。幼儿的钻爬训练一般需要设置障碍物，根据任务的情境安排进行钻爬的练习。训练时要注意地面的清洁与柔软，如果没有专业场地，那么可以准备专门的爬行垫。

钻可以分为正面钻和侧面钻。钻的主要动作要领是：正面钻时，面向障碍物，屈膝，蹲，含胸，低头，弯腰，团身，保持低重心，慢慢移动双脚，从障碍物下钻过；侧面钻时，身体侧对障碍物，两腿屈膝，前腿从障碍物下方伸过，然后含胸，低头，弯腰，侧身移动重心，身体从障碍物下方钻过。侧面钻如图 1–5 所示。

幼儿的爬按照生长发育的过程依次为匍匐爬、手膝爬和手脚爬。爬的主要动作要领是：匍匐爬，身体正面紧贴地面，头稍微抬起，屈回右腿，右脚用力蹬地，同时伸出左手扒地，借助右脚蹬地和左手扒地的力量使身体前行，再做反方向动作，交替动作爬行；手膝爬，身体正面朝下，双腿弯曲，双手、双膝、双脚脚趾同时着地，与肩同宽，四肢配合运动，向各个方向移动；手脚爬，身体正面朝下，双手、双脚前脚掌同时着地，双腿略弯曲，膝盖不着地，四肢配合运动向各个方向移动。

图 1–5　侧面钻

6. 平衡

平衡能力是指抵抗破坏平衡的外力，以保持身体处于稳定状态的能力，它是幼儿的基本动作能力，也是其他动作的基础。发展平衡能力有助于提高幼儿前庭器官的机能和运动系统的功能。平衡能力分为静态平衡能力和动态平衡能力。平衡能力的发展是一个渐进的过程，不同幼儿的平衡能力会有差异，幼儿开展平衡能力训练时，运动中支配身体的面积要由大到小，身体重心由低到高，由静态平衡到动态平衡，同时教师要注意做好保护与帮助，以保证幼儿安全。

静态平衡能力是指维持人体重心与姿势相对静止的静态姿势能力。保持静态平衡的动作要领是：支撑腿撑直站立，身体正直、立腰，向支撑腿转移重心，保持身体的稳定状态，主要训练方法包括闭目双脚站立、单脚站立等。

动态平衡能力是指在运动状态下，对人体重心和姿势的调整与控制能力。保持动态平衡的动作要领是：头正，体直，立腰，身体不晃动，步伐均匀，手臂配合保持身体稳定状态。主要训练方法包括走平衡木、原地旋转、闭目行进、窄道移动等。保持平衡的动作如图 1–6 所示。

图 1–6　保持平衡的动作

7. 翻滚

翻滚是幼儿最喜爱的运动方式之一，也是幼儿身体灵活性的基础训练内容，在迅速滚动中为灵活性打下了坚实的基础。翻滚训练可以提升幼儿的平衡能力、协调能力和身体的控制能力，锻炼前庭器官的机能。在进行训练的过程中，多种形式的翻滚可以提高幼儿的兴趣和积极性，幼儿在玩耍的过程中也可以挑战自我，同时教师要注意做好保护与帮助，以保证幼儿安全。

幼儿的翻滚动作主要包括侧滚翻和前滚翻。侧滚翻，有时也称“滚动”。侧翻滚的动作要领是：平躺或趴在垫子上，双手置于胸前或头顶，借助腰部和背部的力量，身体向一侧翻滚，腿和手要跟随翻滚；前滚翻，可先练习团身滚动，要求收腹、抱腿、低头、含胸、团身、背部着垫、前后滚动，然后练习前滚翻，要求蹲撑、低头、含胸、提臀、双脚蹬地、向前翻滚，以头部、肩部、背部、腰部、臀部依次着垫，当背部着垫时迅速收腹、团身、屈膝，上体紧贴大腿，双手抱膝，呈并腿坐或蹲立姿势。前滚翻的动作如图 1–7 所示。

图 1–7　前滚翻的动作

8. 悬垂

幼儿悬垂的目标是发展幼儿的上肢力量，促进肌肉和肌腱的收缩能力，同时提高幼儿的核心能力。主要动作包括混合悬垂和单纯悬垂两种。混合悬垂是手和身体的某一部分（如腿）同时悬垂于器械上，单纯悬垂则只用手悬垂于器械上。幼儿的悬垂主要应用于对抗自身的体重，幼儿锻炼悬垂可先从双手、双脚混合悬垂开始，逐步过渡到双手单纯悬垂，之后再进行更为复杂的悬垂动作。

当幼儿进行悬垂练习时，器械的高度以幼儿身体悬空、下垂，脚尖能轻轻地接触地面为宜，不是器械越高越好，同时也要尽量避免幼儿弯腿才能离开地面。悬垂前应做好肩部的准备活动，防止肩部拉伤，并注意控制悬垂时长。当幼儿进行悬垂训练时，教师要注意做好保护与帮助。双手悬垂的动作如图 1–8 所示。

图 1–8　双手悬垂的动作

9. 支撑

支撑是幼儿经常用到的基本动作之一，通常会与其他基本动作混合使用，支撑包括静态支撑和动态支撑两种。静态支撑是指在平面或器械上进行静态的支撑活动，如平板支撑、双杠支撑或单杠支撑等；动态支撑是在双手支撑的同时，做出其他基本动作，如在凳子或垫子上做支撑向前移动或跳跃动作，在单杠上做支撑加翻滚动作。

3~6 岁幼儿肌肉力量较弱，所以当幼儿进行支撑训练时，要注意选取符合幼儿年龄或生理特点的项目，让幼儿在运动前充分做好准备活动，并且在运动中做好安全防护。支撑的动作如图 1-9 所示。

图 1-9　支撑的动作

10. 推拉

推拉训练可以发展幼儿上肢、腰部和腿部的力量，增强幼儿身体的耐力，体验合作游戏的乐趣。在物体后方向前用力，使物体前行，叫“推”；在物体前方向前用力，使物体前行，叫“拉”。推拉是幼儿上肢力量和身体协调性的综合运用，常见的推拉练习包括推小车、推轮胎、拉人、拉小车等。推的动作如图 1-10 所示。

图 1-10　推的动作

11. 攀登

攀登是发展幼儿上、下肢力量和身体协调性的重要运动方式之一。幼儿的攀登动作通常是指双手、双脚同时攀登，方向包括向上或平行攀登。当幼儿进行攀登练习时，设施要稳定、牢固，教师要兼顾幼儿身体素质，以保证幼儿运动时的人身安全。攀登的动作如图 1–11 所示。

图 1–11 攀登的动作

（三）幼儿体能训练的基础知识

1. 口令

口令是在体能教学中幼儿体能教师指挥整体、协同行动必不可少的工具性语言，也是幼儿体能教师必备的基本功，口令运用的方法和时机会直接影响教学的质量和效率。幼儿体能教师下达的口令包括预令和动令。预令在前，动令在后。当下达预令口令时，教师声音要清楚、洪亮、悠长，使幼儿事先知道要求做什么动作，相比而言动令要短促、洪亮，让幼儿能够清楚了解教师意图，认真完成动作，做到动作一致，如“齐步（预令）——走（动令）”。教师喊口令时，要配合身体动作进行，声音要洪亮、有力、急促、清晰，注意音阶高低与音调强弱的变化。一般口令均由低音向高音发展，如“向右看——齐”。

常见的口令分类包括以下几种。

短促口令：只有动令，发音短促有力，中间不拖音、不停顿，如“稍息”“立正”等。

断续口令：预令与动令之间稍有停顿，如“第一名，出列”。

连续口令：预令的拖音与动令相连，预令拖音稍长，动力短促有力，如“向后——转”。

复合口令：兼有断续和连续口令，如“右后转弯，跑步——走”。

2. 队列

队列是指儿童按照一定的队形，根据规定的口令或条令做协同一致的动作。常见的队列基本术语包括列、路、横队、纵队等。

幼儿面向同一方向，左右并排站立，横着排成一条直线，叫列。列是组成横队的要素。四排即称为四列横队。

按列排成的队形称为横队。横队队形横向的宽度大于纵深的长度。

幼儿面向同一方向，前后站位，竖着排成一条直线，叫路。路是组成纵队的要素。两队即称为两路纵队。

按路排成的队形称为纵队。纵队队形纵深的长度大于横向的宽度。

不同年龄阶段队列动作的要求不同。一般来说，小班幼儿会原地纵队踏步走，两纵队行进一周走，左右分队走，一路纵队走圆。中班幼儿在小班队列动作的基础上，原地两路纵队变四路纵队，左右分队走，一路纵队走圆。大班幼儿的队列动作更为复杂，在中班练习的基础上，要学会单圆变四圆，走螺旋形等队形。

3. 队形

幼儿运动队形包括原地队形和行进队形。

原地队形包括横队、纵队、圆形、方形等队形，其中横队为基本队形，常用于集合整队、做操、活动等，其他队形则多用于游戏、表演等。集合整队的具体操作包括：口令为“成四列横队——集合”，动作要求为幼儿听口令成四列横队站立，教师面向幼儿站立，位置在与第一横排幼儿两端连线呈等腰三角形的顶角处。其中，中、大班幼儿要求站队整齐，横成行、竖成线。

行进队形主要指在行进过程中进行队列队形的变化，如纵队行进变化、圆形行进、螺旋行进、蛇形行进等。圆形行进的具体操作包括：口令为“圆形行进——走”，动作要求为排头带领沿弧形绕场顺时针方向行进，后面的幼儿自动跟队陆续前进。教师一般要求在圆形内侧站立，以观察每一位幼儿的情况。

幼儿园的常见队列动作及各年龄段队列训练的内容和要求分别见表 1–1 和表 1–2。

表 1-1 幼儿园的常见队列动作

口令	动作要领	队列动作名称
立正	两脚脚跟靠拢、并齐，脚尖向外分开约 60 度，两腿绷直，小腹微收，自然挺胸，上体正直，向前微倾，两肩放平，稍向后张，两臂下垂，自然伸直，两手五指并拢自然微屈，头要正，颈要直，口要闭，下颌微收，两眼平视前方	立正
稍息	右脚顺脚尖方向伸出约全脚的三分之二，两腿自然伸直，上体保持立正姿势，身体重心大部分落于左脚	稍息
向前看齐、两臂放下	纵队排头幼儿两臂侧平举，两手五指并拢、掌心向下，立正站好。第二名幼儿与前面的幼儿身体对齐，两臂前平举两手五指并拢、用力，掌心相对，同时，看前面幼儿的后颈部。后排幼儿以此类推。全队幼儿看齐后，教师下达口令“两臂放——下”。幼儿听口令，放下两臂，两手贴于大腿两侧，身体呈立正姿势站好	向前看齐、两臂放下
向右转 向左转 向后转	（1）向右转：以右脚跟为轴，右脚跟和左脚掌前部同时用力，身体协调一致向右转体 90 度，重心落在右脚上，左脚取捷径快速靠拢右脚，呈立正姿势站好。当身体转动和并脚时，两腿绷直，上体保持正直 （2）向左转：动作要领同向右转，方向相反 （3）向后转：按照向右转的动作要领向后转体 180 度	向右转 向左转 向后转
原地踏步走	从左脚开始原地屈膝抬起、落下，两脚在原地依次上下起落，上体保持正直；当抬腿时，大腿抬高，与地面平行，脚尖自然下垂；脚落地时要轻；两臂伸直，前后自然摆动，两手握拳；两眼向前看	原地踏步走
齐步走	全体幼儿听口令，同时左脚向正前方迈出，按照先脚跟后脚掌的顺序着地，身体重心向前移，换右脚向正前方迈出，动作要领司左脚，两脚交替向前移动；上体保持正直，两臂伸直，前后摆动；全体幼儿步伐统一、有力	齐步走
便步走	自然走步，不统一要求走步速度和节奏，不要求全体幼儿步伐整齐一致，走得轻松、自然即可	便步走
跑步走	当听到预令“跑步”时，两手迅速握拳，提到腰际，约与腰带同高，拳心向内，肘部稍向里合；听到动令“走”时，上体稍向前倾，同时，左脚利用右脚掌的蹬力向前跃出，前脚掌先着地，身体重心前移，右脚动作要领同左脚，两脚交替向前移动；两臂屈肘，前后自然摆动	跑步走
向右转弯走 向左转弯走	向右转弯走：听到动令后，左脚向前迈出半步，脚尖向右约 45 度，上体向右转体 90 度，左脚不转动，同时右脚向新的方向迈步走。向左转弯走，动作要领同上，转弯方向相反	向右转弯走 向左转弯走
立定	齐步走或正步走时，听到口令，左脚再向前迈出大半步着地（两脚尖夹角约 60 度），两腿绷直，右脚取捷径迅速靠拢左脚，呈立正姿势站好。跑步时，听到口令后再跑两步，左脚向前迈出大半步着地，同时两拳收于腰际，两臂停止摆动，右脚靠拢左脚，同时将手放下，呈立正姿势站好	立定
向右看齐 向左看齐	当向右看齐时，基准幼儿不动，其他幼儿向右转头，眼睛看右邻幼儿腮部，身体对齐；后列幼儿先向前对正，再向右对齐。当向左看齐时，动作要领同上，方向相反	向右看齐 向左看齐

表 1-2　各年龄段队列训练的内容和要求

队列动作	小班	中班	大班
立正	上体正直，头正，两臂在体侧自然下垂	两脚脚跟靠拢，脚尖分开，头正，两臂在体侧自然下垂，两眼看向前方	同中班
稍息	能自然站立	听到口令后，两脚侧开立，两臂可自然下垂于体侧，也可两手背后相握	听到口令后，左脚向左侧跨出半步，两臂可自然下垂于体侧，也可两手背后相握；身体重心落在两脚之间
看齐	能两臂前平举，一个跟着一个站成一路纵队	当纵队看齐时，排头幼儿两臂侧平举，后排幼儿两臂前平举（两手掌心相对），眼睛看向前面幼儿后颈部。幼儿看齐后，教师下达口令："两臂放下！"幼儿听口令将两臂放下，两手自然放至体侧	同中班
原地踏步	—	听到口令后，上体保持正直，两脚在原地协调地按节奏依次上下起落，同时两臂前后直摆，双手握拳	听到口令后，从左脚开始，两脚在原地协调地按节奏依次上下起落，上体保持正直，两臂前后直摆，双手握拳，两眼向前看
便步走	—	—	自然走步，不要求统一的步伐和节奏
齐步走	能随着口令抬腿向前迈步，不要求左、右脚踩上节奏	听到口令后，能上体保持正直，上、下肢协调地按节奏走，两眼看向前方，两臂前后直摆，两手握拳	听到口令后，从左脚开始向前迈步，步伐均匀一致，上体保持正直，两臂前后握拳直摆，精神饱满地走
跑步走	听到预令后，能两臂屈肘于体侧；听到动令后，能向指定的方向跑	听到预令后，能两臂屈肘于体侧；听到动令后，能上下肢协调地按节奏向指定的方向跑	听到预令后，能两臂屈肘于体侧；听到动令后，左脚先迈出，两脚前脚掌着地跑，同时，上体稍向前倾，两臂前后自然摆动，向指定方向跑
向左 / 右转	—	—	身体向左 / 右转体 90 度，同时以左 / 右脚跟为轴，原地转动 90 度，右 / 左脚跟上
向左 / 右转弯走	—	—	听到口令后，纵队排头幼儿在指定地点向左 / 右转弯走，其余幼儿逐一跟随前进
立定	听到动令后，会自然停下，呈立正姿势站好	听到动令后，减速停下，呈立正姿势站好	听到动令后，走两步后立刻停下，呈立正姿势站好

4. 幼儿体操

幼儿体操指为幼儿专门选择的身体练习体系，是幼儿体能训练的基本手段和方法之一。幼儿体操对促进幼儿身体全面发育，使幼儿的动作更具有协调性、灵敏性、柔韧性，培养幼儿运动的兴趣，养成良好的美感有较大作用。幼儿体操一般包括徒手操、模仿操和器械操。徒手操动作简单规范，易于整齐，节奏明快，方便幼儿学习，包括一般徒手操、拍手操、健美操等。模仿操动作形象，生动、有趣，易于模仿，幼儿多使用动物模仿操、游戏模仿操、生活模仿操、劳动模仿操等。器械操结合幼儿特点，多使用轻器械，器械的特点突出，色彩鲜明多变，配合有声响，活泼有趣，更能吸引幼儿的注意力，调动其运动的积极性。常用的器械操种类有手铃操、积木操、球操、花环操、彩带等。

5. 体能游戏

游戏是一种符合幼儿身心发展要求的快乐而自主的活动。体能游戏以体能锻炼为主要目的和内容，以游戏化的形式为载体，充分尊重幼儿的个性化发展，是幼儿体能活动最基本的组织形式，在游戏过程中可以充分发挥幼儿的主动性和创造性，促进幼儿身心全面健康发展。对 3~6 岁的幼儿开展体能游戏时，一般采用多种情境来进行教学，如小青蛙捉害虫、消防员救火等，以此来调动幼儿学习和参与的积极性，从而达到较好的教学效果。

体能游戏根据场地分为室内体能游戏和室外体能游戏，在场地条件允许的前提下，幼儿园体能游戏可以由室内逐步过渡至室外。结合天气原因，不同项目的幼儿体能运动也需要选择合适的场地开展。体能游戏根据形式不同分为发展动作类游戏、一物多玩游戏和传统民俗类游戏，这三类游戏形式可以结合体能器材、音乐等元素，创编出种类繁多的游戏。

三、幼儿体能训练的目标

3~6 岁幼儿的身体生长发育正处于两次生长高峰期之间，身体素质突增。幼儿体能训练以《幼儿园教育指导纲要》（以下简称《纲要》）和《3—6 岁儿童学习与发展指南》（以下简称《指南》）为指导，遵循幼儿的身心发展水平、年龄特点和体能活动的规律，以促进幼儿基础动作发展，养成良好运动习惯和塑造运动品格为目标。

《纲要》在幼儿园健康教育的内容中提出，应以“幼儿喜欢参加体育活动，动作协调、灵活”为目标。《指南》中对大中小班幼儿的动作发展有以下描述。

目标 1 具有一定的平衡能力，动作协调、灵敏

3~4 岁	4~5 岁	5~6 岁
1. 能沿地面直线或在较窄的低矮物体上走一段距离 2. 能双脚灵活交替上下楼梯 3. 能身体平稳地双脚连续向前跳 4. 分散跑时能躲避他人的碰撞 5. 能双手向上抛球	1. 能在较窄的低矮物体上平稳地走一段距离 2. 能以匍匐、膝盖悬空等多种方式钻爬 3. 能助跑跨跳过一定距离，或助跑跨跳过一定高度的物体 4. 能与他人玩追逐、躲闪跑的游戏 5. 能连续自抛自接球	1. 能在斜坡、荡桥和有一定间隔的物体上较平稳地行走 2. 能以手脚并用的方式安全地爬攀登架、网等 3. 能连续跳绳 4. 能躲避他人滚过来的球或扔过来的沙包 5. 能连续拍球

教育建议：

1）利用多种活动发展身体平衡和协调能力。如：走平衡木，或沿着地面直线、田埂行走；玩跳房子、踢毽子、蒙眼走路、踩小高跷等游戏活动。

2）发展幼儿动作的协调性和灵活性。如：鼓励幼儿进行跑跳、钻爬、攀登、投掷、拍球等活动；玩跳竹竿、滚铁环等传统体育游戏。

3）对于拍球、跳绳等技能性活动，不要过于要求数量，更不能机械训练。

4）结合活动内容对幼儿进行安全教育，注重在活动中培养幼儿的自我保护能力。

目标 2 具有一定的力量和耐力

3~4 岁	4~5 岁	5~6 岁
1. 能双手抓杠悬空吊起 10 秒左右 2. 能单手将沙包向前投掷 2 米左右 3. 能单脚连续向前跳 2 米左右 4. 能快跑 15 米左右 5. 能行走 1000 米左右（途中可适当停歇）	1. 能双手抓杠悬空吊起 15 秒左右 2. 能单手将沙包向前投掷 4 米左右 3. 能单脚连续向前跳 5 米左右 4. 能快跑 20 米左右 5. 能连续行走 1500 米左右（途中可适当停歇）	1. 能双手抓杠悬空吊起 20 秒左右 2. 能单手将沙包向前投掷 5 米左右 3. 能单脚连续向前跳 8 米左右 4. 能快跑 25 米左右 5. 能连续行走 1500 米以上（途中可适当停歇）

教育建议：

1）开展丰富多样、适合幼儿年龄特点的各种身体活动，如走、跑、跳、攀、爬等，鼓励幼儿坚持下来，不怕累。

2）日常生活中鼓励幼儿多走路、少坐车，自己上下楼梯、自己背包。

目标 3 手的动作灵活协调

3~4 岁	4~5 岁	5~6 岁
1. 能用笔涂涂画画 2. 能熟练地用勺子吃饭 3. 能用剪刀沿直线剪，边线基本吻合	1. 能沿边线较直地画出简单图形，或能边线基本对齐地折纸 2. 会用筷子吃饭 3. 能沿轮廓线剪出由直线构成的简单图形，边线吻合	1. 能根据需要画出图形，线条基本平滑 2. 能熟练使用筷子 3. 能沿轮廓线剪出由曲线构成的简单图形，边线吻合且平滑 4. 能使用简单的劳动工具或用具

教育建议：

1）创造条件和机会，促进幼儿手的动作灵活协调。如：提供画笔、剪刀、纸张、泥团等工具和材料，或充分利用各种自然、废旧材料和常见物品，让幼儿进行画、剪、折、粘等美工活动；引导幼儿生活自理或参与家务劳动，发展其手的动作，如练习自己用筷子吃饭、扣扣子，帮助家人择菜叶、做面食等；幼儿园在布置娃娃家、商店等活动区时，多提供原材料和半成品，让幼儿有更多机会参与制作活动。

2）引导幼儿注意活动安全。如：为幼儿提供的塑料粒、珠子等活动材料要足够大，材质要安全，以免造成异物进入气管、铅中毒等伤害。提供幼儿用安全剪刀；为幼儿示范拿筷子、握笔的正确姿势，以及使用剪刀、锤子等工具的方法；提醒幼儿不要拿剪刀等锋利工具玩耍，用完后要放回原处。

知识2 幼儿体能训练的原则

幼儿体能训练要遵循幼儿身体发展的基本规律，做到科学合理。幼儿体能训练可以促进幼儿身体的生长发育，改善和提高其各器官系统的功能，增强体质。因此，进行幼儿体能训练时，应遵循以下基本原则：

一、安全性原则

安全性原则是指在运动过程中确保不出现或尽量避免出现运动伤害事故，这是开展幼儿体能训练的首要原则。3~6 岁幼儿的神经系统处于兴奋占优阶段，幼儿对外界事物充满好奇，安全意识薄弱，发生人身意外伤害的概率很大。因此，这一时期做好安全防护是所有训练开展的先决条件，也是重中之重。

幼儿体能训练安全防护主要包括训练场地安全和训练课程设计安全。第一，在训练场地安全方面，室内运动场地应以地胶、防滑地板等缓冲性能好的运动地面为优，室外运动场地以平整的草坪为宜。在开展具体训练内容时还要考虑训练空间的合理性，有无尖锐的场地边角、水渍、消防通道设置等。第二，在训练课程的设计安全方面，幼儿身体存在个体差异性，不符合幼儿年龄的训练方法和训练强度，将增加其意外应力损伤和过度损伤的风险，不科学的组织方式和方法，将人为增加儿童冲撞挫伤和擦伤的风险。因此，幼儿在体能训练时，要注意训练前进行充分热身，在训练过程中，教师也要时刻关注幼儿情况，监控运动强度，做好保护与帮助，训练后要带领幼儿做好整理运动。

二、全面发展原则

全面发展原则是指幼儿体能锻炼内容应多样、全面，保证其身体的各个部位、器官、系统的机能，各种身体素质和基本活动能力都能得到全面、协调的发展。幼儿体能训练要促进幼儿体能知识技能的学习，还要促进幼儿各方面体能的发展，更要促进幼儿心理、品德与社会性的协同发展，促进幼儿全面发展。幼儿体能的训练要结合幼儿身心的特点，促进力量、速度、耐力、协调性、灵敏性、柔韧性等六项体能素质的发展。经过运动锻炼，幼儿身体各部位、各系统的技能水平得到提高。如教师进行幼儿体能活动设计时，要注意幼儿上、下肢的运动相结合；当开展跑的训练时，幼儿可以加入锻炼上肢的游戏，实现全面锻炼。练习内容多样化，有利于锻炼幼儿心血管、呼吸功能的同时，还可以使其肌肉力量、柔韧性和反应能力得到提高。运动时间设置也可以间隔进行。

幼儿进行体能训练时还要坚持动静相结合的原则。人在进行某项活动时，大脑皮层只有相应部位的细胞群处于兴奋状态，其他部位处于抑制状态。随着活动类型、性质的改变，兴奋区和抑制区不断轮换，使皮层各个区域轮流休息，避免大脑皮层的过度疲劳，以保持较长时间的工作能力。幼儿的神经系统尚未发育成熟，兴奋容易扩散，注意力不易持久，更需注意动静交替。

三、循序渐进原则

循序渐进原则就是要求体能锻炼者在运动后经过足够的恢复时间，使身体对运动负荷完全适应，在超量恢复阶段增加运动负荷，取得最佳锻炼效果。体能训练要根据幼儿身体发育各年龄段的敏感期进行具有针对性、细致化的设计。

幼儿在进行体能训练时，应遵循训练的强度从低到高、时间从短到长的原则。如果幼儿超负荷运动，没有遵循循序渐进原则，运动负荷增加过快，会引起身体对运动的不适应，使其疲劳不断积累，造成过度疲劳，不仅不能取得预期锻炼效果，而且可能出现伤害事故。切忌幼儿突然进行超负荷运动。当组织幼儿开展体能训练时，幼儿运动前需要热身，运动后也要拉伸，即便中途加入运动，也一定要先热身，感觉身体热起来了，再慢慢跟上动作，千万不要一开始就进行剧烈的运动项目。

四、区别对待原则

幼儿的身体发育有一般的规律，但也存在个体的差异性。由于每个幼儿的遗传、后天环境等不同，所以其生长发育各阶段的发育速度也不同，达到成熟期的状况也不同，具体主要表现在身高、体重等外形特征的差异，各器官系统功能的差异，智力的差异等，因此教师组织体能训练时要充分考虑幼儿的年龄、性别、身体条件等多种因素，在统一进行体能训练的基础上，注意根据幼儿的体能素质，分别增加或减少训练强度。

教师在体能训练前需要对幼儿进行全面的健康检查，对不同身体状况的幼儿在锻炼的强度、时间、气温、水温、服装等方面予以不同的要求，对体弱幼儿给予个别照顾。在开展训练项目时，教师要注意观察幼儿在运动后身体有无不良反应、情绪及食欲的情况、睡眠的质量等，以此来判断运动的强度和运动量是否适合，尤其是在一些幼儿混龄班中还要依据幼儿的身体发育特点，开展分层教学。

五、趣味性原则

幼儿体能训练的课程设计应具有新颖性和趣味性，这是幼儿的身心发育特点决定的。3~6 岁的幼儿脑神经兴奋度强、专注力时间短，枯燥的体能训练课程难以吸引幼儿的关注，而颜色鲜艳的器材、情境化的课程设置、有趣的游戏环节会有效地提高幼儿活动的参与度。

趣味性是体能游戏固有的特点。当进行幼儿体能训练时，教师可以通过游戏的情节来增加训练的趣味性；当进行创编游戏时，教师可以多挖掘一些生活素材、喜剧素材、动画素材、地方特色素材等幼儿喜闻乐见的内容；教师在游戏的竞争性、动作设计、规则方面多下功夫，可以有效地增加幼儿训练的趣味性和课堂参与度。

知识3 幼儿运动损伤与保健

幼儿体能训练是身体的运动，发生运动损伤的概率较高。当幼儿出现运动损伤时，教师要迅速、准确地做出判断，如果情况紧急，应立即送去医院或者对幼儿进行紧急救护，以保证幼儿安全。这一时期的安全防护是所有训练开展的重中之重。

一、幼儿运动损伤概述

幼儿产生运动损伤的原因有很多，主要包括：幼儿运动机能不完善，幼儿动作能力较差，走、跑、跳不够熟练，动作的协调性、平衡性较差，动作反应迟缓；幼儿认识水平较低，缺乏对外界事物的理解和判断，缺乏对危险因素的认识；幼儿有好奇、好动、易冲动的特性，对外界事物充满好奇探险心态，常使他们忽略周围的环境因素，丧失理智和判断能力；幼儿进行体能训练时不合理的运动强度、运动路线、训练环境、活动组织方式等也可能会对幼儿造成损伤。

二、常见幼儿运动损伤及处理

1. 鼻出血

幼儿鼻出血的原因包括鼻部外伤，如幼儿行走、玩耍时碰伤鼻子；幼儿挖鼻孔，损伤了鼻黏膜造成鼻出血；呼吸道感染、发烧时，鼻黏膜充血肿胀，血管脆性增加，擦鼻涕、打喷嚏时也可增加血管破裂的机会，引起鼻出血；幼儿出于好奇，易把豆子、小珠子、纽扣、橡皮等较小的物品塞入鼻中，引起鼻腔出血。

鼻出血的处理方法：首先安慰幼儿不要紧张，让幼儿安静坐下；其次告诉幼儿用口呼吸，头略向前低，防止血液逆流流入口腔、咽喉；最后捏住幼儿的鼻翼 10 分钟，用湿毛巾冷敷幼儿的鼻部和前额。必要时及时就医。

2. 擦伤

擦伤是幼儿在体能训练中最常见的运动损伤。当幼儿出现擦伤的情况时，要先观察其伤口的深浅，如果伤口较浅，仅仅是蹭破了表皮，应该使用无菌的清水或生理盐水清洁伤口，并用碘附等皮肤灭菌剂清理伤口，处理后无须包扎。如果伤口较深，有出血现象，应马上用一块清洁的纱布轻轻按压住伤口，以达到止血的目的，并及时送到医院处理。

3. 头部摔伤

幼儿在运动中摔伤现象时常出现，尤其是头部的摔伤要引起重视。幼儿有出血的情况时应及时止血，教师拨打急救电话及时就医。如果有不出血的现象也要对幼儿进行 24 小时的密切观察，受伤后如有恶心、呕吐、意识丧失、头部剧烈疼痛、面部周围出血、惊厥、麻痹、言语障碍等现象，应及时送往医院急救。

4. 中暑

幼儿在炎热的夏季或通风不畅的场地开展体能训练时，有可能会出现中暑的现象。中暑按照进程可以分为先兆中暑、轻症中暑和重症中暑，如果不加以干预，可能会出现热衰竭，从而危害幼儿生命安全。

先兆中暑时，幼儿会表现为精神不振、头昏、头痛、口渴、多汗、全身疲惫、注意力不集中、动作不协调等症状，这时应立即将幼儿转移到阴凉、通风的环境，口服淡盐水或含盐清凉饮料，休息后即可恢复。

轻症中暑时，幼儿突出的症状为体温升高，可升高至 38℃，出现面色潮红、大量出汗、皮肤灼热等表现，甚至出现面色苍白、皮肤四肢湿冷的表现。这时幼儿除口服淡盐水和含盐清凉饮料并休息外，还需要及时带幼儿就医，给予静脉补充 5% 的葡萄糖盐水，需要密切观察幼儿的状态，直至其恢复。

重症中暑时，除了以上的症状外，幼儿还可能出现脉搏细弱后缓慢，以及血压偏低，可有晕厥，并有手足抽搐、高热和意识障碍，体温可大于 41℃。对于重症中暑的患者，教师应及时给予降温处理，并立即就医。

注意：在炎热的夏季，幼儿户外活动时间应避开 10:30~14:30。此时的阳光正处于最灼热的阶段。幼儿可在树荫或屋檐下游戏，避免阳光直接照射，还应提醒幼儿多喝水，避免出现中暑现象。

知识4  幼儿体能训练的价值

人的身体素质会受到遗传因素影响，但后天的锻炼对身体素质也有着极其重要的作用。3~6 岁的幼儿身体未发育完全，更要通过合理有效的锻炼，提高其抵抗能力，为将来的成长成才打下良好的基础。幼儿体能训练能够有效提高幼儿身体素质，让幼儿能够快速适应环境，从而提升自我保护能力。据研究表明：3~6 岁的幼儿，其生理、心理及神经系统都发生着快速变化，在此阶段幼儿做一些体能训练能够提高幼儿的心智和社会适应能力，培养运动的习惯，把握其生长发育的绝佳时机，促进幼儿身体各方面机能的发展。

一、促进幼儿身体健康

体能训练可以促进幼儿肌肉的发育。幼儿通过一定的运动量可以促进全身的血液循环和新陈代谢，全身的肌肉会变得更加结实。体能训练还可以使肌肉收缩能力和张力增强，提高肌肉力量、速度和承受力，让幼儿变得更强壮。

体能训练有利于幼儿骨骼的发育。幼儿经常参加运动能够促进生长激素的分泌，从而促进骨骼生长，使骨骼发育更加旺盛，更加坚固。幼儿进行户外运动时，还会接受阳光的照射，促进皮下胆固醇转化成维生素 D，促进钙质吸收和骨骼发育。研究表明，经常运动的幼儿其身高明显高于同龄儿童。幼儿运动时体温升高，引起内分泌变化，能够改变免疫细胞的数量和功能活性变化，提升阻止病原微生物的能力，从而提高抵抗力。体能运动也能够调动幼儿全身各器官的活动，使它们的代谢更加旺盛，从而促进器官发育。

二、促进幼儿智力发育

幼儿体能的训练可以促进幼儿大脑的开发，加速幼儿智力的发育。体能训练过程中会给幼儿身体适当的刺激，增强其神经和大脑皮质活跃度，提高大脑活动频率，使大脑更加发达，也使全身的组织器官与神经系统更加活跃，从而促进神经系统的发育。

体能训练的课程大多是团体课程，能激发幼儿学习、探索、运动的活力，开发其智力、创造力，也有利于锻炼幼儿的灵敏性、平衡性、协调性、爆发力、反应速度。幼儿在训练的过程中能接触更多的伙伴，在与老师和同学的相处中，不仅可以培养其人际交往能力，还可以提高幼儿的情商，促进幼儿的身体素质和智力全面均衡发展。

三、促进运动习惯的养成

幼儿时期是打好身体基础的关键时期，是终身体能的重要一环。幼儿时期是自我体能意识萌芽的重要时期，对个体终身体能习惯养成有重要影响。从个体的发展来看，如果幼儿时期和青少年时期养成了良好的锻炼习惯，到成年时进行体能锻炼则能达到事半功倍的效果。

对于3~6岁的幼儿而言，经常参加体能训练，有目的、有计划、系统全面地锻炼身体，会给幼儿打下良好的运动基础，有利于提升幼儿的身体素质，培养积极向上的性格，促进幼儿个性的完善和发展。从幼儿时期就坚持的运动习惯，也会使人保持运动的节奏，减少受伤的概率，同时也有助于预防和处理大量的健康问题。

四、增强社会适应能力

幼儿体能训练可以培养幼儿坚强乐观的品格。如在进行力量、速度的训练时，幼儿可以在不断的挑战中培养自信心，增强心理上的抗挫败能力，能够正确处理成功与失败的关系。

幼儿体能训练可以提高幼儿沟通交流能力。体能训练大多是通过团队合作来完成的，在团队合作完成共同目标的过程中，幼儿之间需要进行交流、沟通和协作，需要学会尊重他人、进行自我管理等。因此，幼儿体能训练可以培养幼儿的责任感和团队协作能力，对幼儿终生有益。

五、促进美育发展

培养德智体美劳全面发展的人才是我们的教育目标，其中美育是指被培养人的审美观，发展他们鉴赏美、创造美的能力，培养他们的高尚情操和文明素质的教育。幼儿美育亦称“幼儿审美教育”，以审美形态和美感熏陶幼儿，提高其精神素质的教育，是培养全面发展人才不可缺少的组成部分。

《幼儿园工作规程》中将美育目标规定为：“培养幼儿初步感受美和表现美的情趣和能力。”幼儿通过体能训练可以矫正自身身体的一些不良体态，如驼背、高低肩等，在运动中强化肌肉组织，使其更容易支撑起骨骼，改善体态。体能运动还会消耗多余的脂肪，避免脂肪堆积，让幼儿获得理想体重。

课后思考

1. 幼儿体能训练的内容包括哪些？分别有哪些注意事项？
2. 幼儿常见的运动损伤及保健方法有哪些？

模块二
幼儿体能教育活动设计

学习目标

- 掌握幼儿园体能教学活动设计步骤。
- 了解幼儿体能教育活动总目标和各年龄阶段目标。
- 了解幼儿体能教学活动设计中常用的组织方法和技巧。

知识1 幼儿体能教育活动设计内容

教师在开展幼儿体能教育活动设计之前，需要进行体能教学方案设计（即教案设计），就是我们常说的“备课”，一般包括以下几个内容：活动名称、活动目标、活动准备、活动过程、活动延伸、活动评价与反思。

一、活动名称

活动名称是指本次活动的具体名称、题目或主题，要求既全面又一目了然。活动名称一般包括年龄班、活动领域、具体的活动名称三个要素。

（一）体能教育活动名称命名方式

幼儿体能教育活动的命名方式一般根据体能活动的特点来设定。为体现幼儿体能教育中的趣味性和游戏化取向，增加幼儿感性的体验，活动名称可以通过游戏的形式展现，如“小兔采蘑菇”和“老狼，老狼几点了”等。使用该方式命名不仅生动、有趣，还符合幼儿的认知特点，更具吸引力。

（二）活动名称格式

幼儿体能教育活动的名称最好注明年龄段、活动设计的领域和具体的活动名称，这样既简单又明了。参考格式示例：“小班体能活动：小火车”“中班体能活动：钻山洞”“大班体能活动：老狼，老狼几点了”。

二、活动目标

目标是一切活动的出发点和归宿，幼儿体能教育活动的目标指明了幼儿体能教育活动发展的方向，指导着幼儿体能教育活动全过程，也是评价幼儿园体能教育工作的重要依据。教学活动目标是非常具体的目标，教师在制定目标时要严谨，确保目标科学合理，符合“最近发展区”理论。

（一）活动目标的内容

《幼儿园教育指导纲要》将幼儿体育活动纳入健康领域之中。促进幼儿身心健康发展是幼儿健康教育的总目标。根据《幼儿园教育指导纲要》的要求，幼儿体能教育的总目标和各年龄段目标总结如下。

1. 幼儿体能教育的总目标

1）喜欢参加体能活动，养成运动的习惯。

2）遵守体能游戏规则，懂得听信号完成体能任务。

3）用感兴趣的方式练习基本动作，形成正确的身体姿态，提高身体素质。

4）在体能活动中养成勇敢、不怕困难的意志品质和乐观、合作的态度。

2. 小班幼儿体能教育的目标

1）能上体正直、自然地走和跑；能向指定方向走和跑；能在指定范围内四散跑、追逐跑；能步行 1 千米，连续跑约半分钟；能一个跟着一个走，走成一个圆；能较轻松地双脚交替跳着走。

2）能较轻松自然地双脚同时向前跳、向上跳；能从 25 厘米的高处自然地跳下。

3）能双手用力将球向前、向上、向后方抛；能单手自然地将沙包等轻物投向前方。

4）能在平行线（或窄道）中间走；能在宽 25 厘米、高（或斜高）20 厘米的平衡木（或斜坡）上走。

5）能在 65~70 厘米高的障碍物（如绳子、皮筋、拱形门等）下钻来钻去；能手膝着地（垫）自然协调地向前爬；能倒退爬；能钻爬过低矮的障碍物；能在攀登架上爬上爬下，或从网的一侧爬至另一侧（必要时教师可以帮助）。

6）初步学会听各种口令并做出相应动作；能边念儿歌或边听音乐做模仿操或简单的徒手操。

7）会玩滑梯、攀登架、转椅等大型体能活动器械并注意安全；会骑小三轮自行车；会推拉独轮车；会滚球、传球、抛接球和原地拍皮球；会利用球、绳、棒、圈等小型多样的体能器材进行身体锻炼。

8）喜欢并愿意参加体能活动；初步掌握体能活动的有关知识和规则，爱护公物；愿意帮助教师收拾小型体能器材。

3. 中班幼儿体能教育的目标

1）能听信号按节奏上下肢协调地走和跑；能听信号变速走、变速跑；能听信号改变方向走；能前脚掌着地走、倒退走；能跨过低障碍物走；能绕过障碍物跑；能快跑 20 米，走跑交替（或慢跑）200 米左右；能在一定范围内四散追逐跑；能步行 1.5 千米，连续跑约 1 分钟；能听信号切断分队走，一路纵队走。

2）能自然摆臂连续纵跳触物（物体离幼儿举手指尖 20 厘米左右）；能双脚熟练地向前跳或双脚在直线两侧行进跳；能立定跳远，跳距不少于 30 厘米；能双脚站立由高 30 厘米处往下跳，落地轻稳；能助跑跨跳平行线，跳距不少于 40 厘米；能单、双脚轮换跳，单足连续向前跳。

3）能肩上挥臂投掷轻物；能自抛自接低（高）球；能两人近距离互抛互接大球；能滚球击物；能左右手拍球。

4）能在宽 20 厘米、高 30 厘米的平衡木（或斜坡）上走；能原地自转至少 3 圈不跌倒；能闭目向前走至少 10 步。

5）能熟练、协调地在 60 厘米高的障碍物（如圈、拱形门等）下较灵活地侧钻；能手、脚着地（垫）协调地向前爬；能手脚熟练协调地在攀登架、攀登网或肋木架上爬上爬下；能团身滚。

6）能较熟练地听各种口令或信号并做出相应的动作；能听信号集合、分散、排成四路纵队（包括切断分队）；能随音乐节奏较准确地做徒手操和轻器械操。

7）会玩跷跷板、秋千等各类大型体能活动器械；会骑小三轮车、带辅轮的小自行车；会用球、绳、棒、圈及其他废旧材料（如易拉罐、可乐瓶、报纸等）开展小型多样的体能活动。

8）具有一定的抵御寒、暑、饥、渴的能力和抵抗疾病的能力。

9）喜欢并能较积极地参加体能活动，初步养成参加体能活动的习惯；能较自觉地遵守体能活动的规则；互助合作、爱护公物，能及时收拾小型体能器材。

4. 大班幼儿体能教育的目标

1）能轻松自如地绕过障碍进行曲线走和跑；能快跑 30 米或接力跑；能走跑交替（或慢跑）300 米左右：能步行 2 千米，连续跑约 1 分 30 秒；能听信号左右分队走。

2）能原地蹬地起跳连续纵跳触物（物体离幼儿举手指尖 25 厘米左右）；能双脚熟练地改变方向（前、后、左、右、转身）跳；能从 35~40 厘米高处自然地跳下，落地轻稳；能立定跳远，跳距不少于 40 厘米；能助跑跨跳平行线，跳距不少于 50 厘米；能助跑跳远，跳距不少于 40 厘米；能助跑屈膝跳过高度约 40 厘米的垂直障碍物，能连续向前跳跃多个高 40 厘米、宽 15 厘米的障碍物。

3）能半侧面单手投掷小沙包等轻物约 4 米远；会肩上挥臂投掷轻物并投准目标（如直径不少于 60 厘米的标靶，投掷距离约 3 米）；能抛接高球，或两人相距 2~4 米互抛互接大球。

4）能在宽 15 厘米、高 40 厘米的平衡木上变换手臂动作（叉腰、平举、上举等）或持物走；能两臂侧平举闭目起踵自转至少 5 圈，不跌倒；能两臂侧平举单足站立不少于 5 秒钟。

5）能熟练协调地侧身、缩身钻过 50 厘米高的障碍物（如拱形门等）；能手脚协调、熟练地在攀登架或肋木上爬上爬下，能在单杠或其他器械上做短暂的悬垂动作；能在攀登绳（棒）上爬高约 15 米；能熟练地在垫上前滚翻、侧滚翻。

6）能熟练地听各种口令和信号并做出相应的动作；能听信号迅速地集合、分散、整齐列队、变化队形；能随音乐节奏有精神地做徒手操和轻器械操，动作有力、到位。

7）会玩低单杠、秋千、脚蹬车或其他大型体能活动器械；会踩高跷、跳绳（50 次以上）、跳皮筋；会运球、传接球、用脚踢（带）球；会用球、绳、棒、圈、积木、报纸、轮胎或其他废旧材料开展各种身体锻炼活动。

8）具有抵御寒、暑、饥、渴的能力和抵抗疾病的能力。

9）热爱体能活动，有积极进行各种身体锻炼的习惯；能自觉遵守体能活动的规则和要求，合作、负责、宽容、谦让、爱护公物；有集体观念；能克服困难，并体验克服困难取得胜利后的愉悦感；能独立或合作收拾各种小型体能器材。

（二）活动目标表述要求

1. 幼儿园体能活动目标的表述形式

幼儿园体能活动目标常见的表述形式有两种，即行为目标与表现性目标。

（1）行为目标

行为目标是具体可操作的教育教学目标，它指在教育教学过程结束后幼儿发生的行为变化。在教育实践中，行为目标使教师更加清楚教学任务，容易准确判断目标是否达成。行为目标的表述一般形式为："知道……""理解……""学会……""区分……""把……配对""对……进行分类"等。基础知识和基本技能方面的目标采用行为目标比较有效，因为指导性强，教师也容易评估学习效果。而情感态度方面的目标则难以用行为目标表述。

（2）表现性目标

表现性目标是指幼儿在参与活动中产生的个性化表现。幼儿在具体的教育情境中的行为表现和得到的进步往往出乎预料，而且每个幼儿的表现各不相同，教师很难预先规定其发展变化的结果。因此，表现性目标追求的不是幼儿反应的同质性，而是反应的多元性。

例如幼儿参观"海底世界"的活动，如果从表现性目标的角度设计，教师关注的就不是"幼儿能够说出海底世界鱼的种类"，而是"讨论海底世界有趣的事情"或"表达对海底世界的喜爱"等。因而，表现性目标在一些欣赏活动、艺术创编活动或复杂的智力活动中体现得比较多。

2. 幼儿园体能活动目标表述要求

1）目标表述要突出重点。教育目标要明确，不能过于笼统，避免教师在教学过程中无法进行操作。

2）目标表述方式应统一。一般而言，幼儿园体能活动目标可从发展目标和教育目标两方面表述。发展目标的行为主体是幼儿，通常以"学会……""喜欢……""愿意……""感受……"等方式表述；教育目标的行为主体是教师，通常以"引导……""鼓励……""教会……"等方式表述。

3）目标表述的内容要具体。教育目标是分层次的，作为最基本的幼儿园健康教育活动的目标，其特点就是具体明确，能具体指导、调控教师的教学过程。

而在教育实践中，有些教师只是照搬照抄，把学年教学工作计划的要求当作具体某一教育活动的目标，这就混淆了各层次目标的作用。例如，"发展幼儿的观察力、想象力、口语表达能力、领悟思维能力""提高幼儿的欣赏力、感受力和表现力""培养幼儿合作精神、竞争意识""培养幼儿活泼开朗的性格""培养幼儿遵守规则的习惯”“培养幼儿关心别人的品质”等，这些提法多是指向人的基本素质，而素质的培养需要长期的教育与影响才能积淀而成，一个具体的教育活动很难使幼儿的素质发生变化。因此，这些目标不宜作为具体教育活动的目标。

4）目标表述应简练。语言表述要简单明了，不要拖泥带水。

5）目标表述要准确。清晰明确的目标表述可使人一目了然，每一条目标均是单独的内容，目标之间尽量避免交叉和重复。因此，要求在目标表述时要注意认知、情感和态度、动作和技能三方面的内容，尽量分别阐述，避免交叉混杂。

三、活动准备

幼儿是活动的主体，在体能教育活动设计过程中，充足的准备是活动成功实施的保障。活动准备一般包括经验准备和物质准备（环境材料准备）两个方面。

（一）经验准备

经验准备即幼儿面对将要进行的体能活动必须先具备的知识、能力、情感等方面的学习经验。教师要从三个方面进行经验分析：幼儿已具有哪些方面的经验；幼儿缺少哪些方面的经验；教师创设哪些条件帮助幼儿获得更多的经验。教师需要深入思考体能教育活动计划（包括活动目标、活动内容、学习形式、活动方法等学习经验的选择）是否适合本班幼儿学习，是否能照顾幼儿个性差异，能否关注不同发展水平的幼儿需求等，要做好活动前幼儿及场地的安全与卫生保障工作。

（二）物质准备

物质准备主要包括幼儿活动前的场地、器材和玩具的准备和布置。例如，活动需要的体能设备都属于体能器材，如“开火车”中的拱门、火车道等。

教师在物质准备上应注意以下几点：

1）材料安全卫生，无毒无害无污染。

2）考虑不同年龄班幼儿的体能特点。例如，小班多用激发兴趣类的游戏活动材料。

3）器材讲究实用性，切忌华而不实。

4）注重幼儿的体验互动感。

四、活动过程

活动过程即幼儿体能教育活动实施的过程和步骤，一般分为三个部分：活动开始部分、活动展开部分和活动结束部分。

（一）活动开始部分

活动开始部分的主要任务是教师组织幼儿并集中幼儿的注意力，使幼儿明确活动的内容和要求，激发幼儿参与身体锻炼活动的兴趣；也可以根据活动展开部分的内容，做一些有针对性的准备活动，为下面的活动做好适应性准备。

活动开始部分的内容包括排队、队列队形练习，向幼儿说明活动的要求和主要内容，做一些基本体操或模仿活动，开展一些运动负荷不大且有利于发展幼儿体能的游戏。也可以进行一些简单的舞蹈、律动或专门的体能活动。活动开始部分的时间一般占总时间的 10%~ 20%。

（二）活动展开部分

活动展开部分的主要任务是幼儿学习新的或较难的活动内容，巩固和提高已学过的各类练习和游戏等，通过幼儿自身的身体练习，提高幼儿的身体素质，发展幼儿的能力，培养幼儿良好的心智等。

活动展开部分的内容主要包括发展体能的游戏、基本体操以及其他各类游戏。一次活动一般安排一项或两项主要内容。内容的安排上应当注意新旧搭配、急缓结合，全面锻炼幼儿的身体。活动展开部分的时间一般占总时间的 70%~80%。

（三）活动结束部分

活动结束部分的主要任务是降低幼儿大脑的兴奋度，使幼儿的身体和情绪逐渐平静下来，恢复到平静状态。

活动结束部分的内容可选择一些逐步降低运动负荷的活动，如较安静的游戏、轻松自然的走步、简单的舞蹈等，或教师对本次活动进行合理的小结和讲评、组织幼儿收拾和整理活动器械等。活动结束部分的时间一般占总时间的 10%~20%。

体能教育活动过程的三个部分虽然各有自己的任务和内容，但在活动结构上，各部分之间是一个紧密相连的整体，共同实现体能教育活动的目标。另外，体能教育活动过程的结构并不是一成不变的，各部分的内容选择、时间安排等应根据实际情况进行相应的调整。

五、活动延伸

活动延伸不是活动过程的必备环节，教师可以根据具体活动的情况，决定是否需要活动延伸，如要设计就要说明向哪里延伸、做什么和怎么做，可以巩固什么经验或让幼儿得到什么新经验。活动延伸的方式多种多样，活动可向区域活动、生活活动、户外活动及家庭活动中延伸。

六、活动评价与反思

在活动实施之后，教师客观分析教育活动中的成功与不足，并提出有效对策的过程就是活动评价和反思的过程。

活动目标指明了幼儿全面发展的方向，是活动的出发点和归宿，指导着体能教育活动的全过程，也是评价体能教育活动的重要依据。因此，活动目标制定得是否合理，活动结束后目标是否完成是评价的重要内容。除此之外，活动方法的运用、活动内容的安排、活动道具的使用、各环节的衔接、课堂氛围、教师风格、个人形象等都是活动评价的重点内容。值得注意的是，在幼儿体能教育活动中，教师要注重反思幼儿是否能遵守规则，更要注重反思幼儿在活动中的兴趣和需要是否得到满足，是否养成了勇敢、不怕困难的意志品质，是否形成了乐观、合作的态度。

知识2 幼儿体能教育活动设计的方法

幼儿体能教育活动设计的方法既包括教的方法，也包括学的方法。教师在选择幼儿体能教育活动设计的方法时，应从体能教育的具体内容特点出发，遵循体能教育活动编排的原则，采用多种感官参与的形式，灵活运用多种方法，以保证幼儿体能教育活动取得良好的教育效果。

一、幼儿体能教育活动编排的原则

（一）递进式原则

在不同的年龄班，幼儿体能教育活动内容的编排要注意由易到难、由简到繁，使内容呈递进式推进。

以投掷为例，小班幼儿一般以单手投远的内容为主，中班幼儿可以进行肩上挥臂投远，而大班幼儿则可进行半侧身肩上挥臂投远或击靶投准活动。

（二）生理性原则

教师根据幼儿的生理发展特点来考虑体能教育活动内容的设置，让体能教育课程符合每个年龄段幼儿的生理需要。

（三）时令性原则

时令性原则是指教师在编排具体的体能教育活动内容时应考虑到季节的变化和气候的特点。一般应注意两个方面的内容。一是内容与季节和气候的一致性。例如，“游泳”等活动内容宜安排在夏季，而“溜冰”“打雪仗”等活动内容宜安排在冬季。再如，针对夏天气温高，幼儿容易私自下水玩水的情况，教师可以开展有关爱惜生命、预防溺水的教育；在雷雨多发季节，教师开展有关雨天防雷电教育等。这样的教育更加生活化，更贴近幼儿的生活经验。二是体能锻炼的活动量与季节气候的关系要处理好。一般说来，幼儿在冬季、春季可选择活动量大一点的内容，如快跑、追逐跑、钻爬、跳绳等，而在夏季、秋季的活动量选择上宜小一点，如走、投掷、平衡等。

（四）整体性原则

由于幼儿的生活、经验是整体的，因此教师在选择体能教育活动内容时应注意从整体出发，选择适合幼儿整体发展的体能教育活动内容。具体说来，教师应注意整合身体保健与心理健康的内容，整合身心保健与身体锻炼的内容，整合健康教育与社会适应性教育及科学教育的内容，尽量不要割裂有益幼儿身心发展的整体经验。

二、幼儿体能教育活动设计的常用教学方法

在幼儿体能教育教学中，教学方法的选择和使用直接影响教学效果。下面介绍几种在幼儿体能教育活动设计中的常用教学方法，帮助教师更好地理解和应用这些方法，从而提高幼儿体能教学的效果。

（一）游戏教学法

游戏教学法是幼儿体能教学中最常用的教学方法之一。它以游戏为载体，通过各种体能游戏来达到锻炼身体、培养兴趣和合作精神的目的。在使用游戏教学法时，教师需要注意游戏的难度，避免游戏过于简单或过于困难，影响教学效果。同时，教师还需要注意幼儿的安全，避免在游戏中出现安全事故。

（二）示范教学法

示范教学法是指教师通过示范动作或技能，让幼儿模仿学习的教学方法。在幼儿体能教学中，教师可以通过示范来展示正确的动作姿势和技术要领，帮助幼儿更好地掌握体能技能。在使用示范教学法时，教师需要注意示范的次数和时间，避免幼儿过度依赖示范，导致无法自主思考和练习。

（三）互动教学法

互动教学法是指教师通过与幼儿互动来引导和激发幼儿学习兴趣的一种教学方法。在幼儿体能教学中，教师可以通过与幼儿互动来营造轻松愉快的课堂氛围，让幼儿更加愿意参与体能教学活动。在使用互动教学法时，教师需要注意互动的方式和时机，避免影响教学秩序和效果。

（四）情境教学法

情境教学法是指教师通过设置情境来激发幼儿的学习兴趣和想象力。例如，在教授幼儿进行球类运动时，教师可以设置一个动物世界的情境，让幼儿扮演不同的动物，用球进行互动和比赛。有一点需要注意，教师采用情境教学法要注重合理设置情境，要结合教学内容和幼儿的兴趣，避免过于花哨或复杂的情况。

在幼儿体能教学中，教师需要根据幼儿的年龄、身体条件和体能基础等因素来选择合适的教学方法。同时，教师还需要注意教学过程中幼儿的安全问题，避免出现意外事故。在教学过程中，教师还需要尊重幼儿的个性和差异，因材施教，帮助幼儿更好地发展体能能力，促进身心健康成长。

课后思考

1. 请你尝试为以下活动设计活动目标。

   1）小班体能活动：钻山洞

   2）中班体能活动：团身滚

   3）大班体能活动：接力跑

2. 请你根据幼儿园体能教学的教育目标，自选内容，设计 3 个体能游戏（包括活动名称、活动目标、活动准备、活动过程、活动延伸、活动评价与反思）。

模块三　幼儿力量训练

学习目标

- 掌握力量与幼儿力量训练的基础知识。
- 掌握力量训练的科学方法，并且会灵活运用。
- 学生能够运用所学知识，完成幼儿力量训练教育活动的设计并且模拟幼儿教育课堂。

知识1 力量素质与幼儿力量素质

幼儿园是幼儿成长的重要场所，除了学习知识外，幼儿的体能训练也是非常重要的一部分，其中幼儿力量训练能有效地促进其身体机能，有助于幼儿肌肉的发达、骨骼的增长和身体耐力的增强。

一、力量素质

（一）力量素质的定义

力量素质是指人体神经肌肉系统在工作时克服或对抗阻力的能力。肌肉工作时以收缩产生的拉力克服阻力。肌肉工作时克服的阻力包括外部阻力和内部阻力。外部阻力，如物体重量产生的摩擦力及空气的阻力等。内部阻力，如肌肉的黏滞力、各肌肉间的对抗力，主要来自运动器官，如骨骼、肌肉、关节囊、韧带、腱膜、筋膜等组织的阻力。

（二）力量素质的分类

根据力量素质与运动专项的关系，可分为一般力量与专项力量。根据力量素质与运动员体重的关系，可分为绝对力量和相对力量。根据完成不同体能或活动所需力量素质的不同特点，可分为最大力量、快速力量和力量耐力等。

二、幼儿力量素质

由于幼儿个体发育不成熟，同时幼儿的身体不断生长，幼儿的力量素质有其独特的含义。根据幼儿的身体发育速度和发育的具体情况进行科学的力量训练，尤为必要。

（一）幼儿力量素质发展过程

伴随着幼儿的生长时期，幼儿的力量素质也不断发展。

1. 乳儿期

乳儿期为从 1 个月到 1 岁这段时期，这段时期正是婴儿的哺乳时期。在这一时期，婴儿身体发育非常快，身长和体重成倍增长。婴儿的骨骼肌肉系统发育也较快，刚出生时，其头颈部只存在一些先天反射性的动作。2~3 个月的婴儿开始能抬头，5 个月的婴儿可以实现被抱着时头部保持平稳，7~9 个月的婴儿手部和腿部力量逐渐增强，慢慢由腹地爬行到手膝爬行，直到 1 岁左右开始行走，脊柱的 4 个生理弯曲全部形成，这便扩大了婴儿的视野，是其心理快速发展的生理基础。

2. 幼儿早期

幼儿的生长发育是一个连续的过程，幼儿早期是指从 1 岁到 3 岁的时期。在这个时期，幼儿身体继续成长，但较婴儿期有所减慢。幼儿的胸围增长迅速，胸围逐渐接近头围，最后超过头围的尺寸。在这个时期，幼儿的力量得到较快发展，由身体保持平衡到平稳前行，再到会走、会跑、会跳，会灵巧地用手拿东西。

3. 幼儿期

幼儿期指幼儿从 3 岁到 6 岁的时期。6 岁时，幼儿头部与身高的比例约为 1∶6。体重每年增加 2 千克左右。因大肌肉群发展，幼儿能不知疲倦地活动。小肌肉群也开始发展，使这个阶段的幼儿能进行写字、绘画等精细活动，并朝向更准确、更有组织、更匀称协调的方向发展。

（二）幼儿力量素质的特点

幼儿力量素质有以下 6 个显著特点。

1. 连续性和阶段性的统一

幼儿发育从幼稚到成熟是个连续的过程，不是间歇式、跳跃式的过程，力量素质的发展也是如此。在这个连续的过程中，为了便于研究，我们可以将其分为若干阶段，这些阶段之间相互联系，前一个阶段是后一个阶段发育的基础，后一个阶段是前一个阶段发育的延续，如果前面阶段出现了问题，就会影响后面阶段的发育。

2. 存在个体差异性

尽管每一个幼儿在发育过程中，都存在上述的发育规律，但由于遗传和环境的不同，每个人在发育的过程中或发育结束时，都存在着力量素质方面的差异。从这个意义上说，没有两个人的力量素质是完全一样的。

3. 从大到小的规律

幼儿在生长发育过程中最初发展起来的是与大肌肉相联系的动作，熟练之后才逐渐发展到与小肌肉相联系的动作。如儿童手部动作的发展，先发展的是与手臂大肌肉相联系的伸臂，以后逐渐发展起来的是与手指小肌肉相联系的抓、握、拿等动作。

4. 从简单到复杂的规律

儿童最初的动作是身体个别部分的简单动作，如伸手、踢脚、转头等，逐渐发展到同时转头、伸手、手眼协调地拿取物体，进一步发展到能从事由多种动作组成的游戏活动。

5. 从上部发展到下部发展

在幼儿力量素质发展的过程中，幼儿身体上部的发展先于身体下部的发展，是一个从上部到下部，从上肢到下肢逐渐发展的过程。

6. 从不随意动作到随意动作

动作的不随意性和随意性，是从动作的主动性和目的性来区别的。儿童的动作，最初是不随意动作，无目的，由客观刺激引起，例如：幼儿的头会随着光线的方向转动；有东西接触幼儿的手，幼儿的手就去抓摸。以后，幼儿的随意动作逐渐发展起来，这时客观刺激不在眼前或没有直接接触幼儿，动作也会出现，而且通过动作会主动地、有目的地去接触事物和认识事物。

（三）幼儿力量训练的重要性和必要性

3~6 岁的幼儿身体正处于生长发育的重要时期，体内新陈代谢旺盛，但肌肉组织的增长往往落后于骨骼的生长，肌肉发育不平衡，再加上骨骼的骨化尚未完成，弹性和柔韧性较大，极易受外界因素的影响，稍不注意便可能发生肢体畸形，影响骨骼的生长发育，因此要科学性地对少儿进行力量训练。很多家长的传统观念认为孩子年龄较小，不需要进行专门的力量训练，而且孩子容易在运动中受到伤害，过早进行力量训练会影响孩子的生长发育。但事实恰好相反，幼儿有规律地进行力量训练不但可以降低其在运动中受伤的风险，还能提高运动表现，对幼儿的生长发育产生积极影响。

1. 促进心肌发达，预防呼吸道疾病

幼儿在力量训练的过程中，新陈代谢加强，促使其心肌发达，收缩力加强。肌肉活动需要消耗大量的氧气和排出更多的二氧化碳，于是呼吸器官需要加倍工作，久而久之，幼儿胸廓活动范围扩大，肺活量提高，肺内每分通气量加大，增强了呼吸器官的功能，对呼吸道常见疾病有良好的预防作用。

2. 促进骨骼生长，有助于身高增长

幼儿在力量训练的过程中，血液循环加快，骨组织得到了更多的营养，可以促进骨骼的生长发育，使骨骼增长、变粗，使韧带更坚固、关节更灵活，从而增加其四肢的支撑力及加强下肢肌肉的力量，使其全身肌肉更加结实，促使骨骼生长加速，有助于幼儿的身高增长。通过这些触觉刺激和肌肉锻炼，在脑中枢建立联系，幼儿的动作就会变得灵敏，肌肉变得发达。

3. 锻炼身体、大脑，培养优良的意志和品格

幼儿通过开展力量训练，不仅身体得到锻炼，大脑得到锻炼，其意志和性格也得到了锻炼。力量训练能克服某些不良行为，使幼儿的性格开朗、活泼、乐观，这种良好的情绪有助于身体健康。力量训练还能培养幼儿的毅力。幼儿在进行一些运动时要付出较大的努力，有时要克服各种困难，这就是很好的意志锻炼。运动后，幼儿更有自信心和成就感，有利于幼儿身心健康成长。

4. 促进食欲，帮助营养吸收

幼儿在力量训练过程中消耗了大量的能量，增加胃肠蠕动，增强胃肠消化能力，增加食欲，营养吸收得完全，幼儿发育得更好。力量训练对目前普遍存在厌食、挑食、拒食的幼儿更具有意义，可以促进幼儿营养的全面摄入。

5. 为其他学习活动打好基础

幼儿的身体素质发展是取得优异成绩的基础。在不同年龄阶段，幼儿的骨骼肌生长、力量素质增长也会随之变化。根据幼儿的身体生理特点，选择合适的力量训练强度，能够有效地对幼儿的力量素质起到提升作用。力量素质的发展是身体健康的重要内容，肌肉的力量是人体活动的动力，为幼儿的其他学习活动打好基础。

知识2 幼儿力量训练的方法与注意事项

幼儿由于自然发育，在骨骼发生变化的同时，骨骼肌也会发生相应的变化，肌肉力量也相应增加。3~6 岁是幼儿骨骼快速发育的重要时期，此时幼儿不能承受较大强度的力量练习，力量训练主要通过克服自身体重来进行，如俯卧撑、仰卧起坐、两头起、靠墙倒立等，但也可以进行“小力量练习”，练习后并与跑跳结合，促进幼儿身体发育的灵敏性、协调性，而不能一味地追求力量练习。

一、力量训练的方法

根据肌肉收缩的形式，力量训练主要分为动力性力量训练和静力性力量训练两大类。

动力性力量训练的方法主要有强度（负荷重量）、组数、每组重复次数、每组间隔时间等因素，主要类型包括固定阻力练习、等动练习、超等长练习和循环练习。

静力性力量的训练则主要是在肌肉紧张用力时，其长度不发生变化的力量练习，静力性力量训练一般采用较大重量的负荷以递增重量的方法进行练习。但是过多使用静力性力量训练会阻碍动作速度和协调性的发展，静力性力量训练要注意呼吸的节奏，还要注意与动力性力量训练相结合。常见的静力性的健身动作包括平板支撑、拱桥支撑、收腹臀部支撑等。

二、幼儿力量训练的方法

幼儿力量训练包括走（发展下肢肌肉的力量）、跑（增强下肢肌肉的力量）、跳跃（增强腿部肌肉的力量）、投掷（发展上肢、腰背等肌肉的力量）、钻爬（增强腿部和腰部的力量）、悬垂（发展上肢的力量）、攀登（发展上肢、下肢的力量）以及循环练习法。

（一）通过悬垂进行上肢肌肉力量的训练

幼儿时期是骨骼快速发育的重要时期，不能承受较大的力量练习，因此幼儿的力量训练主要通过克服自身体重来进行。如小班幼儿能用双手抓杠悬吊 10 秒左右，中班幼儿能用双手抓杠悬吊 15 秒左右，大班幼儿能用双手抓杠悬吊 20 秒左右。注意，幼儿在进行悬垂动作训练时，教师要根据幼儿身高、手型等选取高度、尺寸合适的器械，并且要给予保护和帮助。

（二）通过跑步进行下肢肌肉力量的训练

通过短跑、上坡跑、牵引跑、沙地跑等形式发展幼儿下肢爆发力，但训练时间不宜过长，次数不宜过多。对快速跑的要求：小班幼儿一般能跑 15 米左右，中班幼儿能跑 20 米左右，大班幼儿能跑 25 米左右。

（三）通过弹跳进行腿部肌肉力量的训练

跳跃练习是幼儿进行力量训练的最佳练习手段。幼儿可以进行各种方式的单足跳、双脚跳和跳越障碍等练习。这里要注意跳跃动作的正确性，较长距离或较多跳次的练习应在草地或体操垫上进行。跳跃分为跳高和跳远，幼儿在进行跳高练习时，高度不宜过高，因为这种练习对膝关节刺激很大，跳高练习的地面应松软。对于跳的远度，不同年龄段有不同的标准，小班幼儿一般为单脚连续向前跳 2 米，中班幼儿单脚连续向前跳 5 米，大班幼儿单脚连续向前跳 8 米。

（四）通过投掷进行上肢及腰背肌肉力量的训练

投掷小球、沙包等各种重物是发展幼儿爆发力的有效方法。小班幼儿可以单手将沙包向前投掷 2 米左右，中班幼儿可以单手将沙包向前投掷 4 米左右，大班幼儿可以单手将沙包向前投掷 5 米左右。

（五）通过循环练习法训练力量

循环练习一般由几个练习组合而成。例如，幼儿在进行力量练习时，将跑步和投掷重物结合起来，折返跑 20 米，并投掷沙包，短暂休息后再进行循环练习。教师在设计练习方法和强度时，要符合幼儿的身体发育特点，增加练习的趣味性，从而达到较好的训练效果。

三、幼儿力量训练的注意事项

科学合理的幼儿体格锻炼计划，可以帮助幼儿建立良好的身体素质和健康意识，促进幼儿的全面发展和健康成长。教师实施幼儿体格锻炼计划时，需要考虑以下几个方面。

（一）掌握力量发育趋势，注意年龄差异

不同年龄段的幼儿，身体发育水平和身体素质不同，要从幼儿体能发展及幼儿园体能教学活动的需求出发，遵循幼儿的年龄特点、身心发展水平和体能活动规律等，制订不同的力量训练计划。

（二）合理安排练习强度及密度，注意避免大强度训练

幼儿的身体素质相对较弱，需要适量、分散的运动量，同时需要休息和恢复的时间，因此，运动的强度和密度要结合全班大多数幼儿的身体情况和动作的发展水平，以及活动的具体任务、活动的内容性质、难易程度等进行适当调整，同时还要注意根据幼儿一天活动的负担量，季节、气候变化，场地、器械条件进行合理安排。教师在活动中要注意观察幼儿的活动表现，并及时根据实时情况进行调整。幼儿由于肌肉发育不完全，因此在力量训练过程中并不是强度越大越好，更要避免过大强度训练。

（三）训练活动要保障幼儿的健康安全

幼儿进行力量训练时，教师需要注意幼儿的身体状况，坚持循序渐进的原则。

根据人体生理机能上升—稳定—下降的普遍规律，活动量要由小到大，逐步上升，活动结束前再逐步下降，防止运动过度造成对幼儿的伤害，同时保持锻炼环境的清洁卫生。

（四）采取多样化的活动形式，以动态训练为主

幼儿力量训练的活动形式需要多样化，充满趣味性和挑战性，既能满足幼儿的运动需求，又能激发幼儿的兴趣和积极性，锻炼的目的主要是发展幼儿身体各部位的一般力量，重点在动态训练，而非静态训练。

（五）注意幼儿力量素质与专项技术的区别

幼儿在力量训练过程中，不应偏离力量训练的科学规划，勿将专项技术作为训练的主要内容，而应注重幼儿身体全面发展的科学力量训练，避免影响幼儿身体发育。

实　训
幼儿力量训练教育活动设计

幼儿力量训练教育活动设计任务实施贴近学生就业实际情况，学生通过完成一节课的完整流程，模拟未来的幼儿教师工作岗位。学生用所学体能专业知识组织课堂教学，提前适应工作状态，实现由学校学生角色到幼儿园教师角色的顺利过渡。

一、提出任务

准备一节幼儿力量训练课。

1. 基本要求

1）通过幼儿力量训练课，促进幼儿肌肉发育、力量增长，增强幼儿的体质。

2）密切关注不同幼儿个体发育情况，灵活调整训练强度。

3）保障幼儿体能活动安全。

2. 提升要求

1）通过力量训练课，提高幼儿集体活动的组织性、纪律性，提高团队合作能力。

2）课程设计丰富多彩，能够激发幼儿对力量训练课的兴趣。

二、任务准备

1）教师分组或者同学们自由组合（4~6 人一组为宜）。

2）教师结合示例进行讲解。

3）学生以组为单位对示例进行研讨，充分了解每个示例的设计思路，查找资料，确定设计方案。

4）学生准备活动所需的器械（可以自制简易器械供讲解展示用）。

三、任务实施

1. 教学设计

根据小组讨论结果，填写教学活动设计方案表（表附后）。

2. 教学展示

以小组为单位，根据教学活动设计方案表，一位学生扮演老师，根据教学活动设计可以有助教等角色，其他学生扮演幼儿，完成 5~10 分钟的教学展示。

3. 评价反思

教师组织学生自评、小组互评，教师总结评价本节幼儿力量训练课的课堂效果，并提出改进意见。

四、任务实施示例

下面我们详细了解示例，为大家提供参考。同学们在学习示例活动时，要重点思考示例能够实现的教学目标和创新点，为本组教学活动的设计提供思路。

示例一

1. 活动名称

中班动作发展活动“小小消防员”如图 3–1 所示。

图 3–1　小小消防员

2. 活动目标

1）知识技能目标：幼儿能够了解跑、爬的动作特点，掌握跑、爬的动作要领。

2）能力培养目标：通过练习，增强幼儿背肌、腹肌和四肢肌肉的力量以及动作的灵活性。

3）情感态度目标：激发幼儿对消防员的热爱。

3. 活动准备

（1）知识准备

幼儿已初步具有平面上的跑、爬能力，但是存在动作缓慢、不规范等现象。结合任务情境增加 S 形障碍跑及立体面的爬行，可以帮助幼儿更好地掌握跑和爬的动作，从而适应各种生活环境。

创造良好的消防安全环境是幼儿园的重要职责，对幼儿开展消防教育也是幼儿教育的重要一环。

（2）物质准备

教师口哨、滑滑梯、攀爬网、海绵垫、多媒体电视、消防安全视频、有运动激情的背景音乐、电话铃声及娃娃的哭声。部分物质准备如图 3–2 所示。

图 3–2 部分物质准备

4. 活动过程

（1）新课导入

教师播放消防员视频，利用视频将幼儿带入故事情境，向幼儿交代活动的角色，激发幼儿当消防员的兴趣。

教师："小朋友们，消防员叔叔这么英勇，你们想不想像他们一样？让我们一起去训练场吧。"

（2）准备部分

"小消防队员"站成四路纵队，听着音乐进行队列口令训练、走跑交替训练。慢走—慢跑—快跑—慢走。

幼儿站立后，教师播放音乐，幼儿随音乐做热身运动：我的脑袋点一点，我的小手摆一摆，我的小脚踢一踢，我的小腰弯一弯，我的屁股转一转，我的膝盖蹲一蹲，我的身体跳起来。热身运动队列如图 3-3 所示。

图 3-3　热身运动队列

（3）基本部分

教师："小朋友们，大家都知道消防员叔叔本领很多、很大，那么消防员叔叔都有哪些本领啊？"教师结合视频引导幼儿回答。

幼儿分散在场地中，自由模仿消防员的灭火、救人的各种动作并进行运动。教师进行巡回指导，提醒幼儿注意避让他人。

教师："刚才小消防员练习得非常努力，尤其是这几位表现得特别好，我们有请他们给大家展示，让我们掌声欢迎。"教师引导幼儿进行动作展示。

幼儿站在教师两侧，教师向幼儿示范并讲解跑、爬的动作要领。

教师："小消防员们在跑的时候不要心急，要注意观看前方，不要低头，两手半握拳，屈肘放在身体两侧，配合脚步自然摆动，爬消防梯时，头稍抬起，眼向前看，双手双脚要协调向上爬，避免同手同脚。"

教师进行错误动作演示，请小朋友们进行纠错。

幼儿分组练习爬消防梯。根据幼儿身体素质进行分组练习，分为三个高度（玩具搭建的云梯 60 厘米、滑梯 100 厘米、攀爬网 150 厘米）展开练习，教师巡回指导。幼儿轮流在三种高度梯上进行攀爬练习（即大循环锻炼），队列和场地规划如图 3–4 所示。

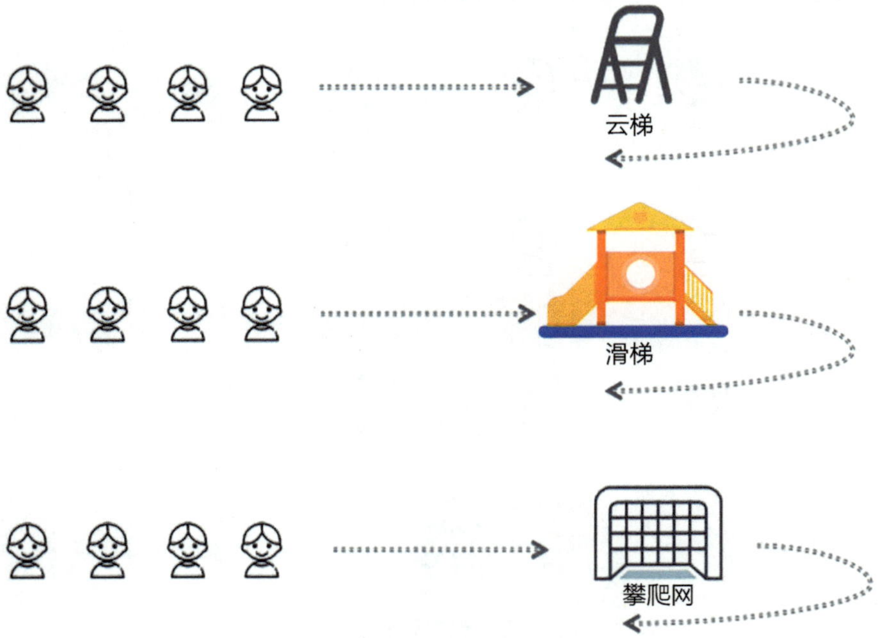

图 3–4　队列和场地规划

小消防队员救火演习。教师播放电话铃声及娃娃哭声的录音，然后集中组织幼儿站队。

教师："刚才，队长接到一个报警电话，有一处房子着火了，需要我们赶到那儿，把火扑灭，救出房子里的宝宝和物品。现在你们戴上消防帽，背上灭火器，赶快分成 4 组站队！我们紧急出动。"

听教师口令，各组小朋友一个接一个地从起点出发，S 形跑过 3 个柱形障碍物，爬过搭起的云梯，跳过积木建筑群，赶到着火的地方进行灭火，带回一样物品回到起点。队列和场地规划如图 3–5 所示。

图 3–5　队列和场地规划

（4）结束部分

教师组织幼儿站好，总结消防队员胜利完成灭火救人任务的情况。在音乐声中，大家做放松运动：我的小手挥一挥，我的小脚甩一甩，我的腰转一转，我的头点一点，拍拍臂膀，捶捶小腿……

教师带领大家收拾活动材料，然后退场。

5. 活动延伸

教师引导幼儿在放学回家后，与家长一起进行消防员灭火的游戏。

6. 活动评价与反思

本次活动设计利用情境教学，选择幼儿熟悉的消防员主题，激发了幼儿参与的兴趣，提高了幼儿课堂的参与度，通过游戏锻炼了幼儿跑与爬的能力，培养了幼儿集体协作的意识。

部分幼儿进行 S 弯障碍跑时反应较慢，不能快速通过，建议通过教师协助的方式进行改进。

示例二

1. 活动名称

中班动作发展活动“小青蛙捉害虫”如图 3-6 所示。

图 3-6 小青蛙捉害虫

2. 活动目标

1）知识技能目标：让幼儿了解跳跃的动作特点，掌握跳跃的动作要领。

2）能力培养目标：通过练习，增强幼儿下肢力量以及动作的协调性。

3）情感态度目标：幼儿能够知道青蛙是益虫，树立保护青蛙的意识。

3. 活动准备

（1）知识准备

幼儿已初步具有原地跳跃的能力，但存在动作缓慢、不规范等现象，教师结合幼儿熟悉的小青蛙跳荷叶的情境，增强幼儿向前跳跃的能力，也可以帮助幼儿更好地掌握跳跃的动作，从而适应各种生活环境。

（2）物质准备

教师口哨、荷叶贴纸、害虫贴纸、多媒体电视、有运动激情的背景音乐。部分物质准备如图 3-7 所示。

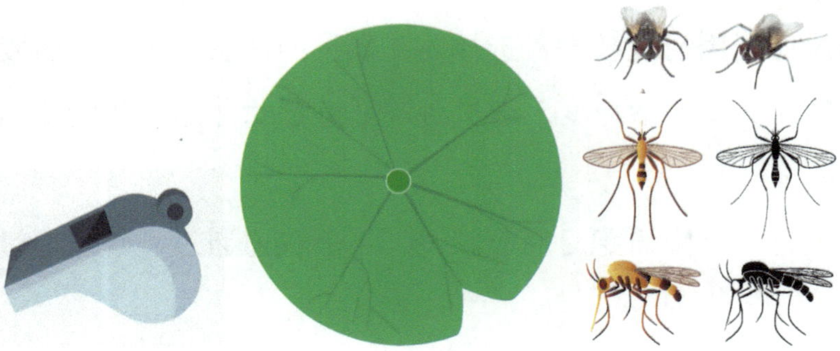

图 3-7 部分物质准备

4. 活动过程

（1）新课导入

教师播放青蛙主题的视频，利用视频将幼儿带入故事情境，让幼儿了解青蛙是益虫，可以帮助农民伯伯消灭害虫，保护庄稼，激发幼儿上课的兴趣。

教师："小朋友们，快看，前面有一片池塘，长满了荷叶，你们想不想像小青蛙一样蹦蹦跳跳？"

（2）准备部分

"小青蛙们"站成四路纵队，听着音乐进行队列口令训练、走跑交替训练。慢走—慢跑—快跑—慢走。

幼儿站立后，教师播放音乐，幼儿随音乐做热身运动：我的脑袋点一点，我的小手摆一摆，我的小脚踢一踢，我的小腰弯一弯，我的屁股转一转，我的膝盖蹲一蹲，我的身体跳起来。热身运动队列如图 3-8 所示。

图 3-8　热身运动队列

（3）基本部分

教师："小朋友们，现在让我们像小青蛙一样蹦蹦跳跳吧。"

幼儿跟随音乐在荷叶贴纸上面进行跳动。教师进行巡回指导，提醒幼儿注意跳跃间隙和注意安全。

教师："刚才小青蛙们练习得非常努力，尤其是这几位表现得特别好，我们有请他们给大家展示，让我们掌声欢迎。"教师引导幼儿进行动作展示。

幼儿站在教师两侧，教师向幼儿示范并讲解跳跃的动作要领。

教师："小青蛙们在跳的时候不要心急，要注意观看前方，双脚并在一起，用力往前跳，落在前面的荷叶上，膝盖可以微微弯曲保持平衡，还可以借伸展双臂来保持身体的平稳。"

请幼儿按要求练习跳荷叶，鼓励胆小的幼儿先近距离地跳，跳熟练了再尝试跳荷叶，教师提醒幼儿注意安全。

教师进行错误的动作演示，请小朋友们进行纠错。

队列和场地规划如图 3-9 所示。

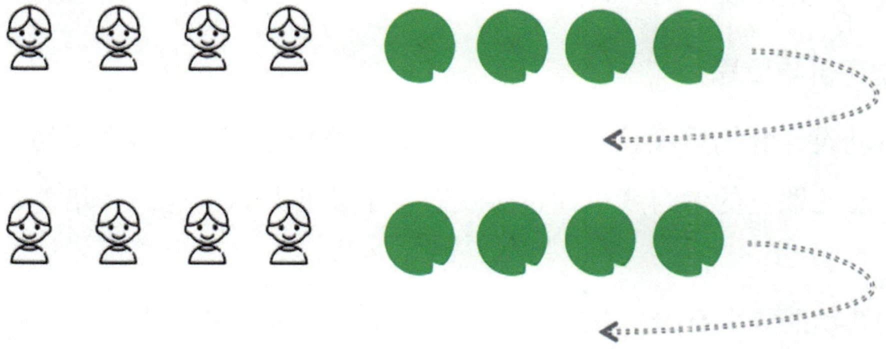

图 3-9　队列和场地规划

小青蛙捉害虫。教师集中组织幼儿，告知活动任务。

教师："小青蛙们，刚才稻田里来了很多害虫，庄稼都要被吃掉了，需要大家帮助农民伯伯捉害虫。大家想不想去帮忙啊？那现在你们赶快分 2 组站队！马上出发。"

听教师口令，各组小朋友一个接一个地从起点出发，沿荷叶贴纸跳跃前行，跳至终点取一个害虫贴纸，跑步带回出发点，依次进行。队列和场地规划如图 3-10 所示。

图 3-10　队列和场地规划

（4）结束部分

教师组织幼儿站好，总结小青蛙帮助农民伯伯捉害虫的情况。在音乐声中，大家做放松运动：我的小手挥一挥，我的小脚甩一甩，我的腰转一转，我的头点一点，拍拍臂膀，捶捶小腿……。

教师带领大家收拾活动材料，然后退场。

5. 活动延伸

教师引导幼儿在放学回家后，与家长一起分享"小青蛙捉害虫"的游戏。

6. 活动评价与反思

本次活动设计利用情境教学，选择幼儿熟悉的青蛙主题，激发了幼儿参与的兴趣，提高了幼儿课堂的参与度，通过游戏锻炼了幼儿跳跃的能力，培养幼儿集体协作的意识。

部分幼儿跳跃能力有限，教师布置荷叶时要注意间距和数量。

示例三

1. 活动名称

大班动作发展亲子活动“快乐一家人”如图 3-11 所示。

图 3-11　快乐一家人

2. 活动目标

1）知识技能目标：让幼儿了解投掷的动作特点，掌握投掷的动作要领。

2）能力培养目标：通过练习，增强幼儿左右手臂的爆发力，提高身体的控制能力。

3）情感态度目标：增加亲子感情，促进家庭融洽。

3. 活动准备

（1）知识准备

幼儿已初步具备投掷能力，但他们的投掷能力普遍较弱，尤其左手的投掷能力更弱，结合亲子运动可以调动幼儿参与游戏的积极性，增强左右手的力量和灵活性，从而适应各种生活环境。

（2）物质准备

沙包 20 个、不同颜色玩具大筐 4 个、多媒体电视、有运动激情的背景音乐。部分物质准备如图 3-12 所示。

图 3-12　部分物质准备

4. 活动过程

（1）新课导入

教师展示沙包，激发幼儿参与游戏的积极性。

教师："小朋友们认不认识老师手里的器材？对了，这是一个沙包，你们在家的时候都是怎么玩沙包的呢？今天我们和爸爸妈妈一起来投掷沙包吧。"

（2）准备部分

小朋友们站成圆圈队列，听着音乐进行队列口令训练和走跑交替训练。慢走—慢跑—快跑—慢走。

幼儿站立后，教师播放音乐，幼儿随音乐做热身运动：我的脑袋点一点，我的小手摆一摆，我的小脚踢一踢，我的小腰弯一弯，我的屁股转一转，我的膝盖蹲一蹲，我的身体跳起来。热身运动队列如图 3-13 所示。

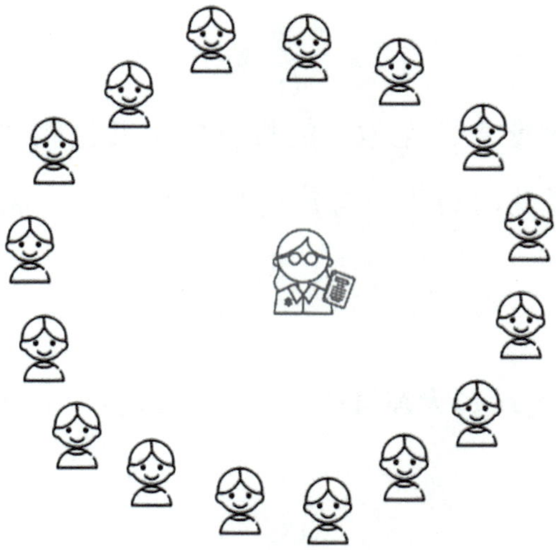

图 3-13　热身运动队列

（3）基本部分

教师："小朋友们，你们在家的时候都是怎么玩沙包的呢？"教师引导幼儿回答。

教师引导幼儿进行沙包投掷展示。

教师站在幼儿的前方，讲解并示范投掷的动作要领。

教师："小朋友们在投沙包的时候要注意两腿前后开立，手拿沙包向后引，像射箭一样，把沙包投出去，投沙包的时候要向前向上投出，扔进筐中，不要扔到地面上。"

幼儿分组进行练习，家长持不同颜色的筐在距离幼儿 3 米处，由幼儿进行投掷动作的练习，家长可以小范围接沙包。

教师进行错误动作演示，请小朋友们纠错。

队列和场地规划如图 3–14 所示。

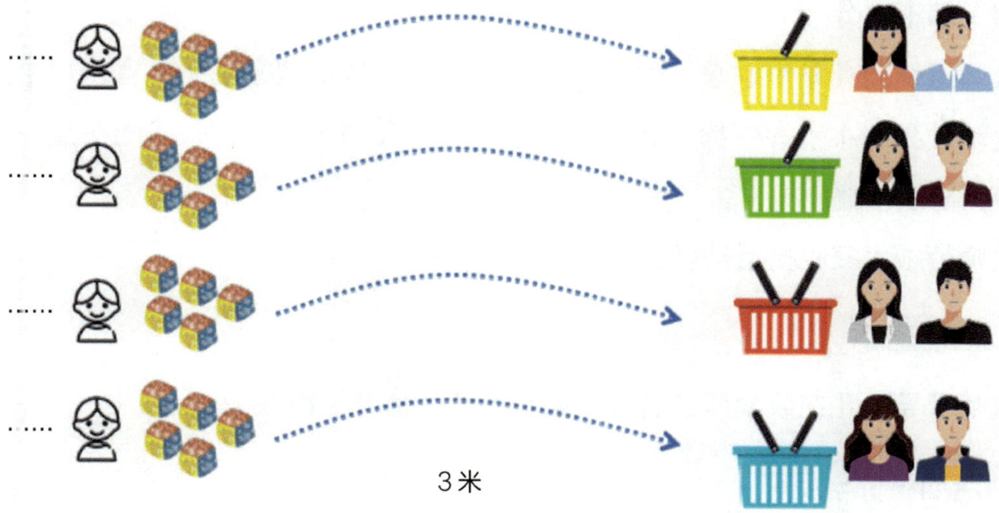

图 3–14　队列和场地规划

教师："小朋友们和爸爸妈妈配合得非常好，接下来我们要增加难度来进行一场比赛了，看哪个家庭接到的沙包多。"

幼儿分别在距离筐 3 米、4 米、5 米的位置进行投掷沙包活动，每个位置有 10 次机会，家长可在规定区域内接沙包。其中 3 米位置设定为左手投掷（习惯用左手的幼儿需用右手投掷）。完成后，教师清点各幼儿的沙包数量，并给予表彰。队列和场地规划如图 3–15 所示。

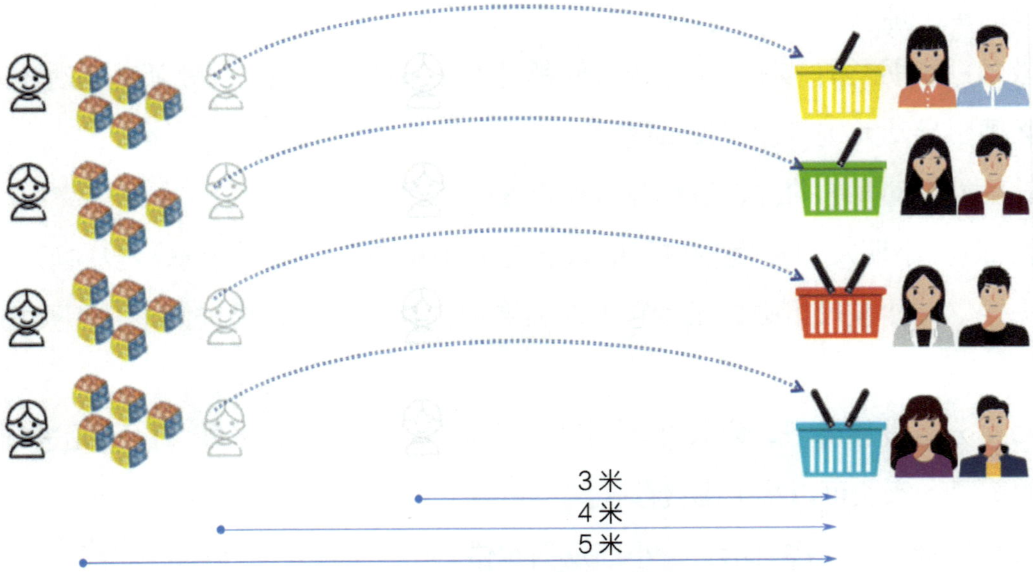

图 3-15　队列和场地规划

（4）结束部分

教师组织幼儿站好，总结幼儿投掷的情况，评选最佳家庭。在音乐声中大家做放松运动：我的小手挥一挥，我的小脚甩一甩，我的腰转一转，我的头点一点，拍拍臂膀，捶捶小腿……

教师带领大家收拾活动材料，然后退场。

5. 活动延伸

教师引导幼儿在放学回家后，与家长互换角色开展游戏。

6. 活动评价与反思

本次活动设计为亲子游戏，让家长参与到幼儿的学习中，增进亲子感情，有了家长的参加，幼儿活动的积极性高涨，提高了幼儿课堂的参与度。

幼儿在投掷的过程中方向感不清晰，沙包容易丢偏，需要减小幼儿之间投掷的距离。

教学活动设计方案表

活动名称	
角色扮演分配	教师： 学生：
活动目标	
活动准备	
活动过程	
活动延伸	
活动评价与反思	
活动创新点	

课后思考

1. 你认为幼儿力量训练与传统意义上的青年力量训练、成人力量训练有什么区别？

2. 你认为幼儿在进行力量训练时，需要注意哪几个方面的问题？请按照你认为的重要程度排序写出。

模块四　幼儿速度训练

学习目标

- 掌握速度与幼儿速度训练的基础知识。
- 掌握速度训练的科学方法，并且会灵活运用。
- 学生能够运用所学知识，完成幼儿速度训练教育活动的设计并且模拟幼儿教育课堂。

知识1 速度素质与幼儿速度素质

幼儿园体能课程是幼儿园教育中的重要组成部分，是促进幼儿身体生长发育，提高身体素质，提高基本活动能力和提升运动技能水平的重要途径。其中幼儿速度训练能有效提升幼儿身体的灵活性、柔韧性和协调性，促进幼儿体能进一步发展。

一、速度素质

（一）速度素质的定义

速度素质是指人体在进行各种运动时表现出的快速反应、快速动作和快速运动的能力。这种能力需要人体的神经系统、肌肉系统和心血管系统等协调合作，使人体对各种刺激迅速反应和用最短的时间完成规定动作或通过一定距离的活动能力，是体能活动中最基本的素质之一。

（二）速度素质的分类

速度素质可分为反应速度、动作速度和移动速度。反应速度是指人体对各种信号（声、光、触等）刺激快速应答的能力。动作速度是指人体或人体某一部分快速完成动作的能力，表现为人体完成某一技术动作时的挥摆速度、击打速度、蹬伸速度、踢踹速度等，此外还包含在单位时间里连续完成单个动作时重复的次数（即动作频率）。移动速度是指人体在特定方向上位移的速度，以单位时间内机体移动的距离作为评定指标。

二、幼儿速度素质

适当培养幼儿速度素质，能够提高幼儿神经系统的灵活性和改善其调节功能，也能促进幼儿肌肉中快肌纤维生长和收缩能力，还可以促进幼儿思维和智力的发展，对幼儿身心协同发展具有重要意义。

（一）幼儿速度素质分类

1. 反应速度

反应速度是幼儿速度素质的重要组成部分，它是指幼儿对刺激做出反应的快慢。在幼儿阶段，反应速度主要是通过视觉和听觉系统来体现的。例如，幼儿听到指令后做出相应动作的快慢，或者看到物体后迅速做出反应的快慢等。

2. 动作速度

动作速度是指幼儿完成某一动作的快慢。在幼儿阶段，动作速度的发展与其肌肉力量和反复运用某一动作的能力、熟练程度密切相关。

3. 移动速度

移动速度是指幼儿在空间中移动的快慢。在幼儿阶段，移动速度的发展与其身体的协调性和平衡感密切相关。

4. 变化速度

变化速度是指幼儿在移动过程中，速度增大或者减小的程度。幼儿越跑越快，说明速度在增大；越跑越慢，说明速度在减小。幼儿在单位时间内增大或者减小的速度越多，则其速度变化越快。

5. 速度耐力

速度耐力是指幼儿在持续运动中保持速度的能力。在幼儿阶段，速度耐力的发展与他们对不同运动强度的耐受能力密切相关。

（二）幼儿速度训练重要性

幼儿速度训练可以提高身体的协调性，增强其肌肉力量，培养快速反应的能力，以及提升快速移动的速度，从而为幼儿未来的身体素质和运动技能打下坚实的基础。

1. 提高身体协调性

速度训练可以帮助幼儿提高身体的协调性。在幼儿时期，幼儿身体协调性正在逐渐形成。幼儿进行速度训练，可以使其四肢更加协调，也能使幼儿更有效地控制自己的身体。这种协调性的提高，不仅有助于幼儿的日常活动，而且对他们的运动技能发展也有重大的帮助。

2. 增强肌肉力量

速度训练能够增强幼儿的肌肉力量。在速度训练的过程中，幼儿的肌肉需要对抗重力和自身的惯性，这种训练则会增强他们的肌肉力量。

3. 培养快速反应能力

速度训练可以培养幼儿的快速反应能力。在现实生活中，有很多需要快速反应的情境，如避免危险、及时响应他人的请求等。通过速度训练，幼儿能够更好地理解和适应这些情况，更加快速地做出反应。

4. 提高快速移动速度

速度训练能够提升幼儿的快速移动速度。快速移动在很多场景中具有重要作用，如在逃避危险、追赶球等情境中。同时，快速移动的能力对幼儿将来的运动能力和身体素质也有着重要的影响。

知识2 幼儿速度训练的方法与注意事项

在幼儿时期，随着身体各项技能的提升，幼儿的速度素质也在逐步提高。在训练过程中，应当注意速度训练时间、速度训练强度以及训练总量的关系，幼儿不具备较长时间快速活动的生理基础，因此，在幼儿活动的时候，教师应当控制幼儿的总体活动量。

一、速度训练的方法

速度训练是个体通过提高身体的速度和反应能力来更好地应对日常活动和运动比赛的重要训练，以下为一些常见的训练方法。

（一）快速摆腿和摆臂

快速地摆动腿部和手臂，可以提高身体的反应速度和移动速度。例如，在原地或者在跑步机上进行此训练。

（二）间歇性训练

通过短时间的高强度运动和短暂的休息时间来提高速度。例如，通过进行 20 秒的跑步，然后进行 20 秒的休息，如此重复多次，可以帮助提高心肺适应能力和移动速度。

（三）爆发性训练

通过最大力量的短时间内的爆发来提高速度。例如，短距离的全力奔跑，可以帮助提高肌肉爆发力和移动速度。

（四）反应速度训练

通过针对反应速度的训练来提高身体的速度。例如，使用反应球、反应板等器材，进行快速反应的训练，可以帮助提高反应速度和移动速度。

（五）灵活性训练

通过提高身体的灵活性和柔韧性来提高速度。例如，瑜伽、拉伸等练习，可以帮助提高身体的柔韧性和灵活性，从而提高移动速度和反应速度。

（六）循环训练

通过一系列的循环训练来提高速度。例如，进行多个不同强度和距离的跑步练习，可以帮助提高耐力和速度。

以上速度训练的方法是传统意义上的青少年或者成人的训练方法，在幼儿速度训练中要谨慎科学地使用。

二、幼儿速度训练的方法

幼儿速度训练的方法包括反应速度、动作速度和移动速度的训练方法。

（一）反应速度的训练方法

1. 视觉反应训练

教师通过创设有趣的视觉游戏，例如，“躲猫猫”“捉迷藏”等，让幼儿在游戏中锻炼视觉反应速度。

2. 听觉反应训练

教师通过一系列听觉刺激来提高幼儿的反应速度，创设听觉游戏，例如，将幼儿分为单数和双数两组，交叉站成一圆圈，中间放置一个足球，指挥者叫“单数”，则单数人迅速去争抢中间的足球，反复练习可以提高幼儿的听觉反应速度。

3. 触觉反应训练

教师通过触觉刺激来提高幼儿的反应速度，例如，创设“找找谁在哪里”“谁的手在摸我”等触觉游戏，让幼儿在游戏中锻炼触觉反应速度。

（二）动作速度的训练方法

动作速度的培养主要是指幼儿通过完善技术的练习，提高其整体协调性，从而达到提高动作速度的目标。例如，两侧摸球游戏，两个足球放置的距离为 3 米，幼儿站在两球中间，做左右两侧移动，左手摸左侧足球，右手摸右侧足球，强调移动速度，计算幼儿在固定时间内摸球的次数，不同年龄的幼儿可规定不同的时间。

（三）移动速度的训练方法

移动速度是人体综合运动和能力的体现，移动速度的快慢不仅和动作技术水平有关，而且和力量、柔韧性、速度耐力及协调性的发展也有密切关系。幼儿移动速度训练可采取多种跑步练习法，如短距离接力跑、蛇形跑等。

三、幼儿速度训练的注意事项

（一）安全性

幼儿进行任何形式的速度训练时，其安全性是首要考虑的因素。教师要确保幼儿参与的训练活动是安全的，没有任何可能导致他们受伤或面临危险的因素。为此，教师需要选择合适的场地、器材和设备，并确保它们均符合国家的安全标准。

（二）训练计划

制订一个系统而全面的训练计划对幼儿速度训练至关重要。应该根据幼儿的年龄、能力和发展目标，制订不同阶段的速度训练计划。这样的计划应包含不同的训练项目，如跑步、跳绳、追逐游戏等，以帮助幼儿在多样化的活动中提高速度和反应能力。

（三）适当休息

在幼儿速度训练中，适当的休息非常重要。幼儿需要从运动中恢复过来，以便能够充分吸收所学的内容。因此，教师应该在幼儿训练过程中设置适当的间歇期，让其有足够的时间进行休息和放松。

（四）技能掌握

在提高幼儿的速度之前，教师需要确保他们已经掌握基本的运动技能，如正确的跑步姿势、起跑和停止的技巧等。通过这些基本运动技能的掌握，幼儿能够更安全、更有效地提高速度。

（五）兴趣激发

对于幼儿来说，兴趣是推动他们参与速度训练的重要动力。教师应该通过多样化的训练方式、有趣的比赛和奖励机制等方式，激发幼儿对速度训练的兴趣，使他们更加积极地参与其中。

（六）保持恒心

幼儿速度训练需要长期的坚持和耐心。教师应该与幼儿家长密切合作，共同鼓励幼儿在日常生活中保持速度训练的恒心。此外，教师还可以通过定期的反馈和评估，激励幼儿在速度训练中保持持久的努力。

（七）逐步提高

幼儿在速度训练的过程中，应该遵循逐步提高的原则。教师通过逐步增加训练强度、训练难度和复杂性，帮助幼儿逐渐适应更高水平的速度训练。此外，教师还可以根据每个幼儿身体的具体情况，为他们定制个性化的训练计划，确保他们在合适的发展轨道上不断进步。

实 训
幼儿速度训练教育活动设计

幼儿速度训练教育活动设计旨在促进幼儿的全面发展、培养兴趣、增强自信心。多元化的活动设计和全面发展的目标，有助于幼儿身体、智力、情感等的全面发展。

一、提出任务

准备一节幼儿速度训练课。

1. 基本要求

1）通过幼儿速度训练课，提高幼儿的反应速度，促进移动速度，增强其身体灵活性。

2）密切关注不同幼儿个体情况，合理安排休息时间，灵活调整训练方式与训练强度。

3）确保幼儿训练活动安全。

2. 提升要求

1）通过速度素质训练课，提高幼儿的团队协作能力，提升幼儿的社会适应能力。

2）课程设计应内容丰富，形式多样，激发幼儿训练兴趣。

二、任务准备

1）教师分组或者同学们自由组合（4~6 人一组为宜）。

2）教师结合示例进行讲解。

3）学生以组为单位对示例进行研讨，调整示例设计思路，确定最终设计方案。

4）学生准备活动所需的器械（可以自制简易器械供讲解展示用）。

三、任务实施

1. 教学设计

学生根据小组讨论结果，填写教学活动设计方案表（表附后）。

2. 教学展示

以小组为单位，根据教学活动设计方案表，一位学生扮演教师，其他学生扮演幼儿。根据教学活动设计可以有助教等角色，完成 5~10 分钟的教学展示。

3. 评价反思

教师组织学生自评、小组互评，教师总结评价本节幼儿速度训练课的课堂效果，并提出改进意见。

四、任务实施示例

下面让我们详细了解示例，为大家提供参考。同学们当学习示例活动时，要重点思考示例能够实现的教学目标和创新点，为本组教学活动的设计提供思路。

示例一

1. 活动名称

小班动作发展活动“踩影子”如图 4-1 所示。

图 4-1　踩影子

2. 活动目标

1）知识技能目标：让幼儿了解光和影子的关系，体验游戏的乐趣，体验躲闪动作的要点。

2）能力培养目标：提高幼儿奔跑及奔跑中的躲闪能力。

3）情感态度目标：激发幼儿学习兴趣。

3. 活动准备

（1）知识准备

幼儿已初步具备奔跑能力，但是存在反应速度较慢等情况，结合游戏活动，可以帮助幼儿更好地掌握跑步动作，提升反应速度。

（2）物质准备

教师口哨、多媒体电视、影子知识视频、粉笔。物质准备如图 4–2 所示。

图 4–2　物质准备

4. 活动过程

（1）新课导入

教师在教室内播放多媒体电视，讲授影子的相关知识，然后将幼儿带至户外，引导幼儿观察自己的身体在地面上留下的影子。

教师："小朋友们，大家应该知道这个黑黑的会动的东西就是影子，每个小朋友都有自己的影子，它是你们的好朋友呢！"

（2）准备部分

幼儿站成四路纵队后，教师播放音乐带领幼儿进行热身运动，幼儿边朗诵，边做动作：走，走，走，向前走，一个跟着一个走；跑，跑，跑，向前跑，一个跟着一个跑；蹦，蹦，蹦，向前蹦，一个跟着一个蹦。热身运动队列如图 4–3 所示。

图 4-3　热身运动队列

（3）基本部分

教师："你们走一走，影子也会走一走，小朋友们都来试一试。"引导幼儿了解影子跟人走的现象。

教师："好了，现在我带大家来玩一个游戏，叫作踩影子。"教师讲解游戏规则，并留下问题："小朋友们能不能踩得住自己的影子呢？"

教师用粉笔在场地画好一个大圆圈，引导幼儿在圆圈内自由去踩自己的影子。

在幼儿熟悉游戏规则后，教师将幼儿分为两列纵队，两人一组，一个人踩对方的影子，对方需要躲闪，练习在一定范围内追逐、躲闪跑。如果幼儿踩上对方的影子，可交换角色，游戏重新开始。

教师："小朋友们，接下来我来当踩影子的人，我踩到 10 个小朋友的影子我就胜利了，所以你们一定要保护好自己的影子，让我来看看，你们是怎么保护自己的影子的？"

教师追逐，并踩影子，引导幼儿利用活动场地上的大树或者建筑物等作为"隐蔽物"，保护好自己的影子。队列和场地规划如图 4-4 所示。

图 4-4　队列和场地规划

（4）结束部分

教师组织幼儿站好，总结让影子消失的方法，播放轻松音乐，带领幼儿做放松运动：我的小手挥一挥，我的小脚甩一甩，我的腰转一转，我的头点一点，拍拍臂膀，捶捶小腿……

教师带领大家收拾活动材料，然后退场。

5. 活动延伸

教师引导幼儿在放学回家后，与家长做手影游戏。

6. 活动评价与反思

本次活动设计不但能锻炼幼儿身体，还能开发幼儿智力。在玩“踩影子”过程中，幼儿能够进一步了解光和影子的关系，并且通过创新玩法，培养幼儿的创新意识和发散思维。

通过游戏，幼儿练习在一定范围内四散跑，增强幼儿跑的能力，初步培养幼儿在奔跑过程中的躲闪能力。

幼儿在踩影子的过程中容易发生肢体碰触，教师要注意时刻观察幼儿的活动情况，一次不要让太多幼儿参与游戏，可以分组组织参与游戏，一般一次以不超过 6 组为宜。

示例二

1. 活动名称

中班速度素质训练活动“蚂蚁搬家”如图 4–5 所示。

图 4–5　蚂蚁搬家

2. 活动目标

1）知识技能目标：通过游戏了解蚂蚁习性，练习爬行，体验爬行动作要点。

2）能力培养目标：通过手脚着地爬及跑步的练习，发展身体的灵活性和协调性。

3）情感态度目标：激发幼儿参与体能活动的兴趣，培养幼儿克服困难、坚持完成任务的良好品质。

3. 活动准备

（1）知识准备

幼儿学习手脚爬的动作知识，并具备手脚着地爬的能力。

（2）物质准备

手印 20 对、脚印 20 对、体操垫 1 个、平衡木 4 个、沙包若干、蚂蚁头饰若干。物质准备如图 4–6 所示。

图 4–6　物质准备

4. 活动过程

（1）新课导入

教师带幼儿去户外花坛，观察蚂蚁的爬行方式及通过障碍物的方法。

教师："小朋友们，蚂蚁身体小小的，但是可以搬运比自己身体重很多的东西，具有强大的力量。"教师引导幼儿观察。

（2）准备部分

幼儿站成四路纵队后，教师带领幼儿跟随音乐做热身运动：上举手臂、弯腰、绕膝、活动踝关节、跳跃等动作，重点活动手臂、手腕膝盖和脚踝等部位。热身运动队列如图 4-7 所示。

图 4-7　热身运动队列

（3）基本部分

教师："小朋友们，大家观察了小蚂蚁的爬行，能试着像小蚂蚁一样爬一爬吗？"引导幼儿在体操垫上练习。

教师示范并讲解动作要领：蹬腿时，借助膝部的蹬腿力量和手臂的推撑力量前进，爬时仰头向前看。

教师将幼儿分为四列纵队，每队前放置 5 对手印和脚印，尽头堆放沙包。教师介绍游戏玩法，四列纵队分别站在起点线后等待，手脚着地爬行并通过手印、脚印，拿到沙包从场地两侧返回并与第二名幼儿击掌，游戏继续，率先完成的小组获胜。队列和场地规划如图 4–8 所示。

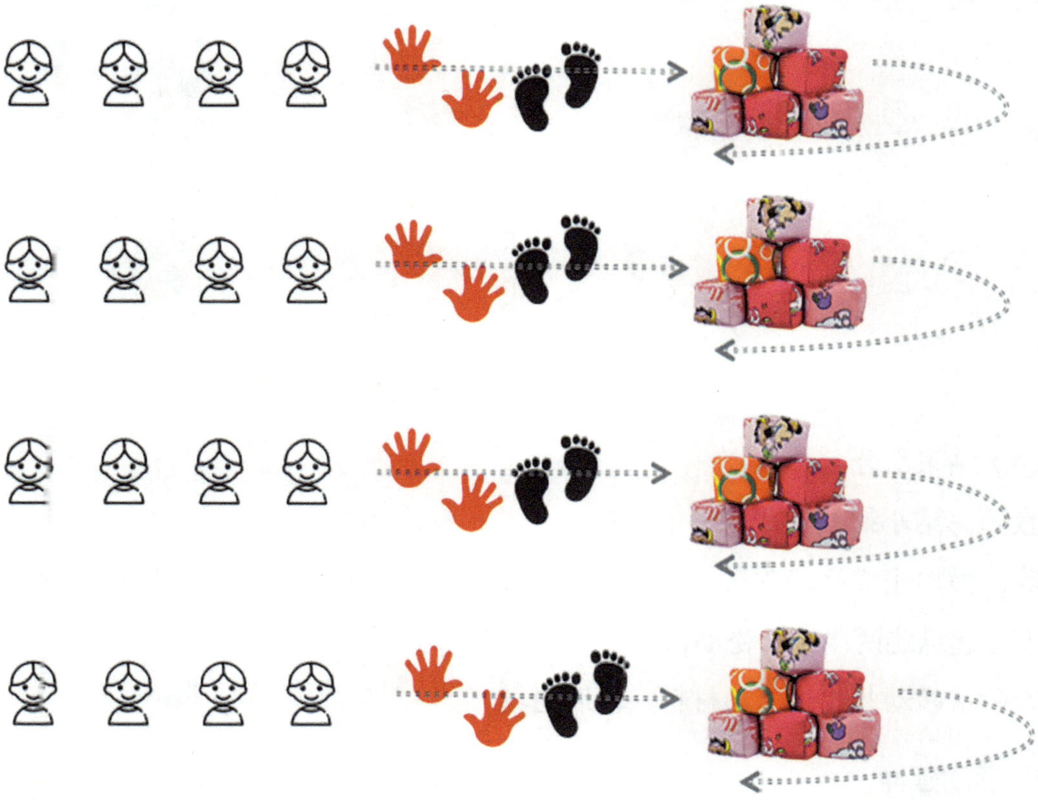

图 4–8　队列和场地规划

教师："小朋友们太棒了，大家看到小蚂蚁们是不是还要爬过很多小土堆才能找到食物，现在给大家增加难度，看我们班级里的小蚂蚁能不能挑战成功。"

教师在手印、脚印与沙包中间放置平衡木，四列纵队分别站在起点线后等待，手脚着地爬行通过手印、脚印后，走过平衡木，拿到沙包后从场地两侧返回并与第二名幼儿击掌，游戏继续，率先完成的小组获胜。

教师："小朋友们在爬的时候不要心急，爬行时头要抬起来，这几只小蚂蚁表现得非常好，我们有请他们给大家展示，让我们掌声欢迎。"教师引导幼儿进行展示。

教师："还有好多沙包没有运回来，现在请小朋友们努力把沙包都运回来吧。"各组小朋友再次练习，将沙包运回。队列和场地规划如图 4–9 所示。

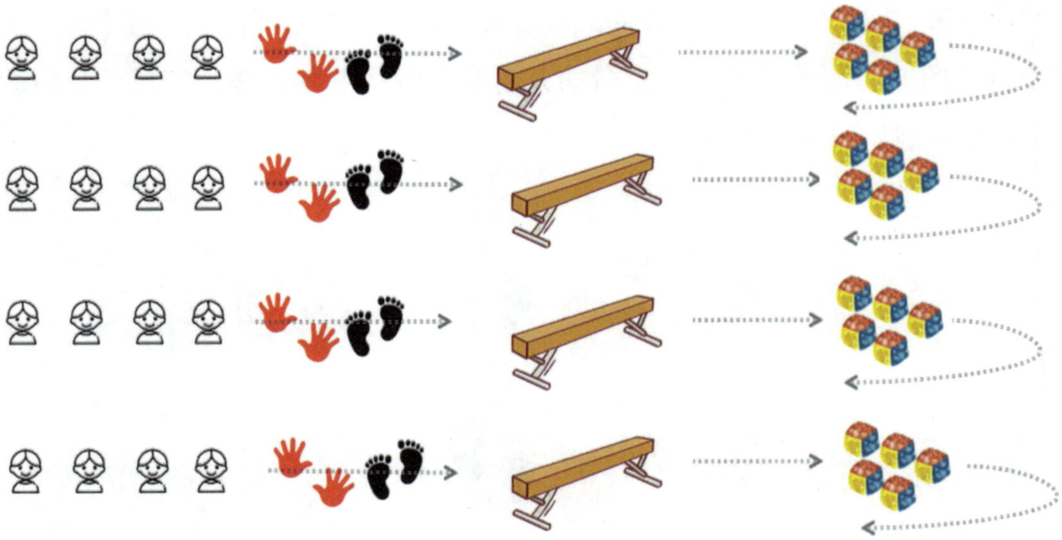

图 4-9 队列和场地规划

（4）结束部分

教师总结小蚂蚁完成任务的情况。幼儿根据教师指令如微风、小风、大风、龙卷风等，做出用嘴轻轻吹气、双手从两侧抬起两次、双脚原地纵跳两次、两名幼儿手拉手一起纵跳两次等放松动作。

教师带领幼儿收拾活动材料，然后退场。

5. 活动延伸

教师引导幼儿在放学回家后，描述本次游戏过程，锻炼语言表达能力，加深理解本场游戏设计。

6. 活动评价与反思

本次活动设计利用情境教学，选择幼儿熟悉的蚂蚁主题，提高幼儿的参与兴趣。本游戏锻炼了幼儿爬行及跑步能力，提高了幼儿身体的灵活性和平衡性。

部分幼儿手脚爬行的协调性不足，教师布置手印、脚印时要注意间距，平衡木要注意高度，适应幼儿身体机能。

示例三

1. 活动名称

大班速度素质训练活动“亲子接力跑”如图 4-10 所示。

图 4-10　亲子接力跑

2. 活动目标

1）知识技能目标：让幼儿了解接力棒、接力跑等相关知识，发展大步跑技能。

2）能力培养目标：通过练习，增强幼儿的移动速度及灵活性。

3）情感态度目标：在游戏中构建和谐、有爱、幸福的家庭关系。

3. 活动准备

（1）知识准备

幼儿学习跑步要领知识，初步具备大步跑技能，学习交接棒动作。

（2）物质准备

接力棒。物质准备如图 4-11 所示。

图 4-11　物质准备

4. 活动过程

（1）新课导入

教师拿出接力棒："小朋友们，大家有没有见过这个，它是用来做什么的呢？"教师引导幼儿猜测并且回答。

教师小结："这个是接力棒，是在接力跑中使用的，今天我们的亲子接力跑就要使用它。"

（2）准备部分

幼儿进行队形、队列练习，由两路纵队走成四路纵队，站成体操队形。幼儿呈两路纵队后开始 1、2 报数。听到"成四路纵队——走！"的口令后，两路纵队扩大间距，然后报"1"的幼儿不动，报"2"的幼儿右脚向右前方斜跨一步，左脚向右脚靠拢立正，此时队伍变成四路纵队，根据教师口令分别练习"立正""稍息""原地踏步"等动作，训练幼儿遵守规则的意识。队列变化如图 4-12 所示。

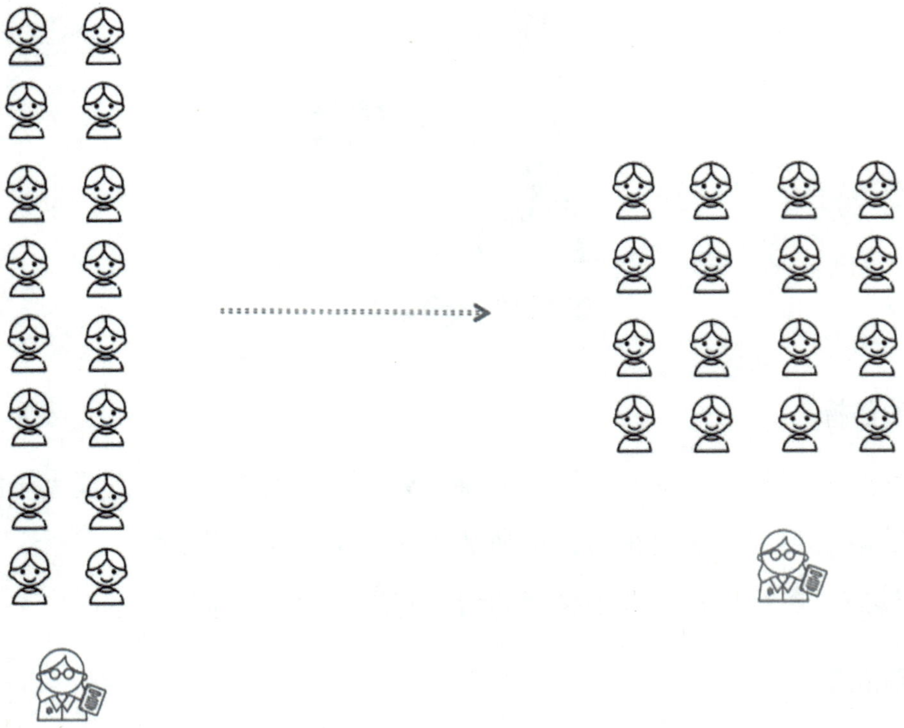

图 4-12 队列变化

（3）基本部分

教师："小朋友们，有谁知道这个接力棒是怎么使用的吗？谁可以和爸爸妈妈一起展示一下？"教师引导幼儿积极参与。

引导幼儿及家长进行交接接力棒展示。

教师："刚才的家庭展示得太棒了，小朋友们在交接接力棒的时候要注意，第一个小朋友要拿住接力棒的下部，传棒给前面的小朋友，前面的小朋友要抓住接力棒的另外一端继续往前跑，再传给下一位小朋友。"

教师将幼儿分成四人一组站成一路纵队，其中每两个人约隔 2 米，从最后一个小朋友开始传棒，练习接棒和交棒。等接力棒传到最前面一个小朋友的时候，最前面的那个小朋友要迅速跑到纵队的最后使传棒练习继续进行。

预留 5 分钟的时间，进行家庭传棒，练习接棒和交棒。

教师："小朋友们练习得已经非常棒了，接下来我们要开始正式的比赛了，看看哪个家庭接力跑最快。"

引导幼儿和家长到跑道上准备，依次站到接力点，并指明终点线的位置。

教师："我发现每个家庭都做好了充分的准备，现在我们就来进行接力跑比赛，请每个选手在自己的位置上站好，听好发令，当哨声响起时，第一棒选手马上要迅速起跑，传棒给下一位队友，最后一个选手接到棒之后要冲过终点线，哪一队先冲过终点线，哪一队就获胜，如果中途掉棒，那么这一队就要回到起点重新跑。”

幼儿开始进行比赛，教师发令，并在最后公布比赛结果。队列和场地规划如图 4-13 所示。

图 4-13 队列和场地规划

（4）结束部分

教师带领幼儿整理队伍，简单讲评活动情况。教师带幼儿放松身体：我们一起拍拍手、摆摆头、扭扭腰、甩甩手臂，一二拍拍肩、三四拍拍腿、五六甩甩手、七八扭扭腰。

教师带领大家收拾活动材料，然后退场。

5. 活动延伸

教师布置任务：回家后家长与幼儿一起观看接力比赛，激发幼儿对竞技体育的激情。

6. 活动评价与反思

本次活动设计为亲子游戏，让家长参与到幼儿的活动中，增进了亲子感情，提高了幼儿参与感与积极性。

幼儿交接接力棒不熟练，容易掉棒，需要增加练习时间。

教学活动设计方案表

活动名称	
角色扮演分配	教师： 学生：
活动目标	
活动准备	
活动过程	
活动延伸	
活动评价与反思	
活动创新点	

课后思考

1. 你认为幼儿速度训练与传统意义上的青年速度训练、成人速度训练有什么区别？
2. 以上示例中你最喜欢哪一个？有何更好的改进建议？

模块五　幼儿耐力训练

学习目标

- 掌握耐力与幼儿耐力训练的基础知识。
- 掌握耐力训练的科学方法，并且会灵活运用。
- 学生能够运用所学知识，完成幼儿耐力训练教育活动的设计并且模拟幼儿教育课堂。

知识1 耐力素质与幼儿耐力素质

幼儿是祖国的花朵，是中华民族的希望和未来。幼儿期是幼儿生长发育的第一个高峰期，是人生最重要的奠基时期，也是获取各种能力的敏感期。若幼儿身体在开始阶段、基础阶段发展得不全面、不牢固，很大程度上会对下一阶段乃至终身的发展产生不好的影响。

一、耐力素质

（一）耐力素质的定义

耐力素质是指机体长时间工作时，克服工作过程中产生的疲劳的能力。幼儿耐力是指幼儿克服疲劳的能力，反映了幼儿具有的耐力水平。耐力素质是指人体保持长时间运动的能力，也可以认为是抗疲劳的能力。

（二）耐力素质的分类

根据运动中氧代谢的特征，耐力分为有氧耐力和无氧耐力。有氧耐力，是指在有氧气供给的肌肉活动中，呼吸循环机能的持久能力。其生理基础是有氧代谢能力。由于有氧耐力运动的强度较小，单位时间内能量的消耗不大，呼吸和循环系统可以保证每分钟机体需氧量的供给，因此不影响幼儿机体对氧气的需要量，对幼儿心肺系统的负荷也不大。无氧耐力，是指在缺乏氧气供给的状态下，肌肉收缩的持久机能。其生理基础是无氧代谢能力。在无氧代谢的状态下，也就是在缺氧或氧气供给不足的情况下，组织细胞中的糖原是经过无氧酵解来提供能量的，同时产生一种代谢产物——乳酸。幼儿机体耐乳酸的能力较差，如果幼儿进行了无氧耐力运动，那么无氧耐力运动产生的大量乳酸就会淤积在幼儿肌肉或血液中而不能得到及时分解，这会对幼儿的神经末梢产生强烈的刺激，引起幼儿身体不适的感觉，因此幼儿期不建议进行无氧耐力训练。

耐力还有其他分类方式：

1）按活动持续时间分为短时间耐力、中等时间耐力、长时间耐力。

2）按耐力与专项分为一般耐力、专项耐力。

3）按动员肌群分为局部耐力、全身耐力。

4）按肌肉工作性质分为静力性耐力、动力性耐力。

5）按表现形式和用力特征分为心血管耐力、肌肉耐力、速度耐力。

二、幼儿耐力素质

由于幼儿发育不成熟，身体各项机能与成人各项身体各项机能有较大差距，并且每个幼儿先天条件的差异在幼儿时期更加明显，所以在幼儿进行耐力训练时，一定要保证训练计划科学合理。

（一）幼儿耐力素质发展的生理学基础

1. 发展有氧耐力（最大摄氧量）的生理学基础

有氧耐力是指机体长时间进行有氧工作（靠糖原和脂肪有氧分解供能）的能力。这种有氧耐力可以通过人体的最大摄氧量反映出来。通过有氧耐力训练，人体可以达到以下目的：

第一，呼吸器官的机能得到良好的改善。空气中的氧是经过呼吸器官而弥散到血液的。人体的最大摄氧量的提升，一方面是由于呼吸肌的力量发展、肺活量的提高，另一方面是由于肺泡的通透性好，与血液进行氧气交换的能力提高。通过有氧耐力训练，这些机能均可提高。

第二，红细胞所含的血红蛋白与氧的结合能力提高。血红蛋白有与氧结合、携带氧的能力，可以将结合的氧经过循环系统运送到肌肉及其他组织。经常锻炼身体可以增加红细胞的数量，提高血红蛋白结合氧的能力，提高机体有氧耐力的能力。

第三，激发肌肉中的糖原、脂肪在酶的作用下利用氧进行代谢的活力。机体经常进行有氧耐力训练，其糖和脂肪可以在酶的作用下进行旺盛的有氧代谢，同时提升最大吸氧量。

第四，提升心血管系统的机能。单位时间内血液循环的量越多，运输氧的任务就完成得越好，有氧耐力的运动能力就越强。

2. 发展无氧耐力的生理学基础

无氧耐力是指机体在缺氧情况下，较长时间对肌肉收缩供能的能力，也称无氧运动。通过无氧耐力训练，人体可以达到以下目的：

第一，肌肉内无氧酵解供能能力提高。经常从事速度性运动，可以有效地提高肌肉无氧酵解能力，这是影响无氧耐力的重要生理因素。

第二，机体缓冲乳酸的能力提高。碳酸氢钠是体内重要的缓冲物质，运动生理学将其称为“碳储备”。经常锻炼身体的人的碳储备比一般人增多10%左右，有较强的缓冲乳酸的能力。

第三，脑细胞对血液酸碱度变化的耐受能力提高。经常从事无氧耐力锻炼的人员，其脑细胞耐受酸碱度的能力很强，同时其无氧耐力素质可得到良好的发展。

（二）发展耐力素质的注意事项

1）发展耐力素质要充分考虑人员年龄、性别及生理特点。男孩和女孩、体质强者和体质弱者的运动负荷都应有明显的差别。

2）发展耐力素质应该在发展有氧耐力的基础上发展无氧耐力。

3）发展耐力素质要施加适量的运动负荷与间歇。

4）中等动作速度对耐力素质的提高最有效。

5）要重视耐力锻炼中的呼吸与动作的配合。

6）耐力锻炼必须持之以恒，要有顽强的意志品质。

7）耐力锻炼后，应加强营养补充，并注重消除疲劳。

（三）幼儿耐力素质训练应注意的问题

幼儿由于个体发育不成熟，应结合其身体发育特点，在训练过程中注意以下四点。

1）从机能上讲，幼儿过早进行耐力训练，会影响幼儿循环系统未来的功能水平。

2）从生理上讲，幼儿血红蛋白、肌红蛋白与成人的相比较少，无氧代谢能量储备不足，酸中毒现象要靠心血管系统补偿来消除，因此无氧代谢能力会受到限制。

3）幼儿耐力训练方式要多种多样，不应该只局限于长跑的练习，尽量选择活动性游戏、球类活动等练习方式。

4）如果采用间歇训练法，幼儿应采用小强度的间歇式训练为主，运动强度控制在30%~60%之间，练习时间为10分钟左右，练习与休息的时间比例按1∶1安排。

（四）幼儿耐力训练的重要性和必要性

3~6岁的幼儿身体正处于生长发育的重要时期，体内新陈代谢旺盛，经常进行耐力练习对改善幼儿内脏器官功能，增强幼儿体质有积极意义。如通过耐力跑运动，可以锻炼幼儿的全身机能，使肌肉系统紧张度增加，耐力和活动力增强。幼儿在耐力跑的同时，可以通过改变速度，让呼吸加快加深，增加肺活量，促进呼吸肌发达，使血液循环加速，心脏收缩力加强，改善心血管功能，从而促进有氧代谢。此外，幼儿进行耐力训练还能够提高身体抗负担能力，发展速度耐力，也让神经系统反应灵活、迅速，并且使身体新陈代谢活跃，改善消化功能。

1. 促进心肌发育，提高肺活量

幼儿在耐力训练的过程中，其新陈代谢加强，能使心肌强壮有力，增强心脏的耐受力。肌肉活动需要消耗大量的氧气和排出大量二氧化碳，于是呼吸器官需要加倍工作，久而久之，胸廓活动范围扩大，肺活量提高，肺内每分通气量加大，增强了呼吸器官的功能，对预防呼吸道常见疾病有良好的作用。

2. 促进肌纤维增多，提高骨细胞的生长能力

耐力训练是一种全身运动，它能使全身的肌肉有节律地收缩和松弛，使肌肉纤维增多，蛋白质含量增高。坚持耐力训练还能改善血液循环，增强骨细胞营养物质的供应，提高骨细胞的生长能力，从而促进骨骼的正常发育。

3. 促进大脑发育，磨炼意志品质

耐力对幼儿身体综合素质的提高有很大的帮助，同时耐力还能磨炼幼儿的意志和毅力，增强其韧性和耐心，提高反应的灵敏度和对环境的适应能力。

4. 促进胃肠蠕动，提高消化和吸收能力

耐力训练还可以使幼儿胃肠蠕动力增强，消化液分泌增多，提高消化和吸收能力，从而增加幼儿的食欲，补充营养，强壮体质。

5. 树立自信心，培养自觉锻炼的习惯

在耐力训练中，要因材施教，针对不同身体条件的幼儿制定不同的标准，让所有的幼儿都能达标，从而增强幼儿的自信心。坚持耐力训练不仅能发展耐久力，培养顽强的意志品质，而且对改善人体内脏器官功能，增进身心健康有着积极的作用。教师需要耐心指导幼儿锻炼，帮助他们克服“三天打鱼，两天晒网”的缺点，从而培养其自觉坚持锻炼的良好习惯。

知识2 幼儿耐力训练的方法与注意事项

教师应结合幼儿发育特点，从基础的呼吸方法等基础动作入手，对幼儿进行耐力训练。

一、耐力训练的方法

根据氧代谢的特征，耐力分为有氧耐力和无氧耐力。有氧耐力分为力量耐力和速度耐力，它表现为机体在较短的实战时间内，能保持一定的力量、速度，且有一定的密度和强度，可以通过击打沙袋、越野跑、跳绳等方式进行训练。

无氧耐力的训练方法主要有原地间歇高抬腿跑、高抬腿跑转加速跑、原地或行进间歇车轮跑、间歇后蹬跑、反复连续跑台阶、法特莱克跑等方式。

二、幼儿耐力训练的方法

耐力训练中呼吸技巧极为重要，首先要教会幼儿深呼吸的方法。让幼儿练习深呼吸的目的：一是加强和改善幼儿呼吸的深度，增强呼吸肌的力量，提高肺活量，

增强幼儿呼吸系统的功能；二是有利于将积聚在肺尖部位的病菌尤其是对肺脏有害的结核菌排出体外，防止幼儿患肺病，确保幼儿的肺脏健康。

教师教幼儿进行深呼吸，就是让其学会在呼气和吸气时尽可能做到完全、彻底。可以采用一些游戏的方式进行，如模仿火车开动、吹气球、给自行车或皮球打气、老猫伸懒腰等动作，再如用嘴吹桌面上的折纸青蛙、纸条、纸片、乒乓球，或是吹漂浮在水面上的纸帆船、纸天鹅等。但要注意，幼儿做深呼吸时应缓慢、均匀、适可而止，教师应该认真细致地观察每个幼儿的情况，使幼儿每次进行深呼吸练习时次数不要过多，强度不要过大。

在幼儿的基本体操动作中，上肢以及躯干做适当的伸展或扩胸的动作，是增强幼儿肋间肌的一种有效途径。练习躯干的前屈动作，开展一些投掷、爬行等游戏活动，是增强幼儿腹部肌肉力量的好方法，这些也均能有效地提高幼儿呼吸系统的机能和训练耐力。

徒步行走和慢跑的活动不仅能有效地提高幼儿心肺系统的机能，使心肺耐力得到增强，而且能提高幼儿肌肉的耐力。慢跑（或走跑交替）的距离，可以依据幼儿的年龄和体质的差异来确定，一般遵循由短距离开始逐渐增长的原则，通常在100~300 米之间。总体来说，对幼儿耐力素质的增强及幼儿心肺功能的正常发育与完善较有效的身体运动的原则是：身体运动的活动量要适中（对幼儿来说是属于中等强度的，心率一般在 130~140 次 / 分），运动的强度和对幼儿心脏的负荷均不要太大，但要经常运动。

耐力练习应注意选择适宜的练习方式，一般以有氧耐力为主。3~4 岁的幼儿不强调意志品质的培养，可以对 5~6 岁的幼儿有意识地进行意志品质的培养。

（一）幼儿有氧耐力的训练方式

1）各种持续 10~15 分钟的中速或慢速的走、跑、跳、爬、攀岩等基本动作的练习。

2）各种持续 10~15 分钟的幼儿体能游戏、基本体操、游泳、滑雪、骑自行车、滑板、滑冰、跳绳、球类活动、律动等练习。

3）开展远足活动。美丽的田野、碧绿的草地、茂密的树林等都可以作为远足的目的地。为增强幼儿对远足的兴趣，教师可在远足过程中组织幼儿观察植物的生长，组织幼儿到草地上野炊，在树林中聆听鸟鸣叫、虫低语和风儿欢笑。

4）开展户外慢跑活动。教师可以组织幼儿到野外进行慢跑，这样既创造出一种愉快、轻松的气氛，也能让幼儿呼吸新鲜空气，同时有效地增强幼儿腿部的肌肉力量。开展慢跑活动时，教师要根据幼儿的身体状况、年龄特点以及季节气候等因素，合理地安排运动强度。教师还要注意观察，不要让幼儿过于疲劳，可采用走跑交替的方式来调节幼儿的运动量。同时，教师应带领幼儿复习正确的呼吸方法。

5）开展爬山活动。教师可以利用户外山丘锻炼幼儿攀爬的技能。在活动过程中，教师可设置“抢红旗”“找地雷 ”等多种游戏情境，来激发幼儿攀爬的兴趣，锻炼其肌肉的耐力。

6）开展劳动活动。锻炼幼儿上肢、下肢等部位的肌肉耐力。教师也可根据幼儿的体力状况，及时鼓励幼儿坚持做劳动，对能完成任务的幼儿给予称赞表扬。幼儿通过劳动活动，不仅能培养耐力素质，而且能培养爱劳动的品质。

（二）幼儿无氧耐力的训练方式

无氧耐力的训练方法有各种短促的走、跑、跳、投、推、潜水、拉等基本动作的练习，但这些不是幼儿耐力训练的主要内容。

三、幼儿耐力训练的注意事项

科学合理的训练方法，可以帮助幼儿增强身体素质和建立良好的健康意识，促进幼儿的全面发展和健康成长。教师对幼儿实施耐力素质训练时，应以有氧耐力训练为主。

（一）注意选择良好环境

幼儿进行耐力训练需要良好的环境，这在心理上对幼儿起着重要的作用，不仅能提高其大脑的兴奋性，减少疲劳，而且可以发展幼儿耐力素质，最主要的是保证其供氧充分，如在河边、树林、公园或在氧气充分的露天场地等进行训练。

幼儿在进行训练时，尽量不要在坚硬的水泥等地面上反复跑跳，以防止受伤或骨骼发育异常。所以，幼儿进行训练和练习的场地环境是不可忽视的。

（二）注意保持正确的呼吸方法

在进行耐力训练时，幼儿的大脑皮层对呼吸的调节机能较差，不注意呼吸的节奏，呼吸与动作往往不协调，特别在速度加快时会更为明显。所以，教师要教会他们采用科学的呼吸方法，一般采用“二步一吸，二步一呼”或“三步一吸，三步一呼”的方法，幼儿经过一段时间的训练和练习，在耐力训练中就能科学且正确地呼吸。

（三）注意以有氧耐力训练为主

幼儿的心脏血管正处在发育之中，与成年人相比，他们心脏的心肌纤维短而细，弹力纤维分布较少，心脏发育还不完善，心脏的容积、重量都比成年人小，因而心脏收缩力较弱。根据幼儿的心血管系统的这一特点，耐力训练的发展应以有氧耐力为主。

（四）注意控制训练的时间、量和强度

幼儿在安静时氧化过程比成年人旺盛，每千克体重消耗的氧量多。同时，在紧张练习时，幼儿血乳酸含量较少，说明他们无氧代谢能量物质储备较少。所以，在耐力训练过程中，教师要对幼儿合理安排练习的时间、量和强度，因人制宜，才会达到事半功倍的效果，从而提高幼儿的耐力素质。

实 训
幼儿耐力训练教育活动设计

幼儿耐力训练教育活动设计任务实施贴近学生就业实际情况，学生通过完成一节课的完整流程，模拟其未来的幼儿教师工作岗位。学生用所学体能专业知识组织课堂教学，提前适应工作状态，实现由学校学生角色到幼儿园教师角色的顺利过渡。

一、提出任务

准备一节幼儿耐力训练课。

1. 基本要求

1）通过幼儿耐力训练课，促进幼儿肌肉发育，增强幼儿耐力。

2）密切关注不同幼儿个体发育情况，灵活调整训练强度。

3）保障幼儿体能活动安全。

2. 提升要求

1）通过耐力素质训练，提高幼儿集体活动的组织性、纪律性，提高其团队合作能力。

2）课程设计丰富多彩，能够激发幼儿对体能课的兴趣。

二、任务准备

1）教师分组或者同学们自由组合（8~10 人一组为宜）。

2）教师结合示例进行讲解。

3）学生以组为单位对示例进行研讨，充分了解每个示例的设计思路，查找资料，确定设计方案。

4）学生准备活动所需的器械（可以自制简易器械供讲解展示用）。

三、任务实施

1. 教学设计

学生根据小组讨论结果，填写教学活动设计方案表（表附后）。

2. 教学展示

以小组为单位，根据教学活动设计方案表，一位学生扮演老师，根据教学活动设计可以有助教等角色，其他学生扮演幼儿，完成 8~12 分钟的教学展示。

3. 评价反思

教师组织学生自评、小组互评，教师总结评价本节幼儿耐力训练课的课堂效果，并提出改进意见。

四、任务实施示例

下面我们详细了解示例，为大家提供参考。同学们在学习示例活动时，要重点思考示例能够实现的教学目标和创新点，为本组教学活动的设计提供思路。

示例一

1. 活动名称

中班动作发展活动“蛇形慢跑”如图 5-1 所示。

图 5-1　蛇形慢跑

2. 活动目标

1）知识技能目标：让幼儿了解蛇形慢跑的动作特点，掌握跑的动作要领。

2）能力培养目标：通过练习，增强幼儿心肺耐力。

3）情感态度目标：培养幼儿坚持完成任务的斗志。

3. 活动准备

（1）知识准备

幼儿已初步具有平面上跑的能力，但是存在动作缓慢、不规范等现象，教师结合任务情境增加蛇形慢跑，可以帮助幼儿更好地掌握跑的动作要领。

（2）物质准备

教师口哨一支、30 根柱形障碍物，以及多媒体电视、音响、有运动激情的背景音乐。部分物质准备如图 5-2 所示。

图 5-2　部分物质准备

4. 活动过程

（1）新课导入

教师播放蛇形慢跑的视频，利用视频将幼儿带入故事情境，向幼儿交代活动的角色，激发幼儿完成任务的兴趣。

教师："小朋友们，让我们一起去训练场吧。"

（2）准备部分

"训练员"站成两路纵队，教师强调蛇形慢跑的安全注意事项。保持队列前后的距离，转弯的位置，幼儿不要推搡，内圈的先通过，外圈的随后通过。

教师播放背景音乐，音乐节奏慢的时候，带领幼儿进行蛇形慢走，音乐节奏快的时候，带领幼儿进行蛇形慢跑，待幼儿对内容了解之后，由幼儿进行蛇形慢走、蛇形慢跑的变换锻炼。热身运动队列如图 5-3 所示。

图 5-3　热身运动队列

（3）基本部分

教师：“小朋友们，蛇形慢跑应注意哪些啊？”教师引导幼儿回答。

幼儿分两队尝试练习。教师进行巡回指导，提醒幼儿注意避让他人。

教师：“刚才 A 队非常努力，尤其是这几位表现得特别好，我们有请他们给大家展示，让我们掌声欢迎。”教师引导幼儿进行动作展示。

幼儿站在教师两侧，教师向幼儿示范并讲解跑的动作要领。

教师：“跑的时候不要心急，要注意观看前方，不要低头，两手半握拳，屈肘放在身体两侧，配合脚步自然摆动，头稍抬起，眼向前看，双手双脚要协调向前跑，避免同手同脚。”

教师进行错误动作演示，请小朋友们进行纠错。

分组练习蛇形慢跑，连续摆放 3 根障碍物，相邻两根障碍物间隔 3 米。连续三组，幼儿每完成一组中间休息 1 分钟。教师巡回指导，控制大循环锻炼。队列和场地规划如图 5-4 所示。

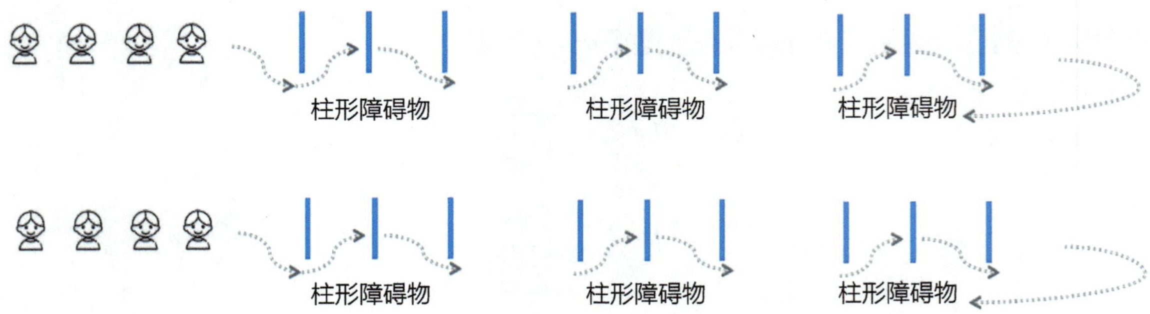

图 5-4 队列和场地规划

听教师口令，各组小朋友一个接一个地从起点出发，蛇形慢跑需要连续绕过 9 个柱形障碍，然后在终点排队等候其他队友。

（4）结束部分

教师组织幼儿站好，总结蛇形慢跑训练任务的情况，教师带领幼儿在音乐声中做放松运动：我的小手挥一挥，我的小脚甩一甩，我的腰转一转，我的头点一点，拍拍臂膀，捶捶小腿。

教师带领大家收拾活动材料，然后退场。

5. 活动延伸

教师引导幼儿在放学回家后，利用家中物品摆放场地，与家长一起进行蛇形慢跑游戏。

6. 活动评价与反思

本设计利用情境教学，选择幼儿蛇形慢跑的主题，增加了幼儿参与的兴趣，提高了幼儿课堂的参与度，锻炼了幼儿跑的能力，培养了集体协作意识。

部分幼儿在进行蛇形慢跑时反应较慢，不能快速通过，建议通过教师协助的方式进行改进。

示例二

1. 活动名称

大班动作发展活动“运轮胎”如图 5-5 所示。

图 5-5　运轮胎

2. 活动目标

1）知识技能目标：让幼儿了解跑的动作特点，掌握跑的动作要领，并能在一定时间内坚持奔跑。

2）能力培养目标：通过练习，增强幼儿下肢力量以及心肺耐力。

3）情感态度目标：培养幼儿坚持的好习惯。

3. 活动准备

（1）知识准备

幼儿已初步具备慢跑的能力，适当增加幼儿奔跑的能力，可以帮助幼儿更好地掌握跑的动作，从而应对各种生活环境。

（2）物质准备

教师口哨、多媒体电视、轮胎、障碍锥、背景音乐。物质准备如图 5-6 所示。

图 5-6　物质准备

4. 活动过程

（1）新课导入

教师拿出玩具汽车，与幼儿讨论轮胎的作用，为幼儿讲解轮胎的材料等知识。

（2）准备部分

幼儿站成四路纵队，听着音乐进行队列口令训练和跑的训练。

幼儿站立后，教师播放音乐，幼儿随音乐做热身运动：我的脑袋点一点，我的小手摆一摆，我的小脚踢一踢，我的小腰弯一弯，我的屁股转一转，我的膝盖蹲一蹲，我的身体跳起来。热身运动队列如图 5-7 所示。

图 5-7　热身运动队列

（3）基本部分

教师："小朋友们，今天我们一起来玩一个运轮胎的游戏，大家想一想我要把轮胎从一个地方移动到另外一个地方，可以采用什么办法？下面请大家根据分组，每组领一个轮胎，看看哪种方法最简便省力。"

将幼儿分为两组，让幼儿尝试移动轮胎。

教师总结："对了，刚才大家提出了很多种办法，可以用汽车搬运，可以依靠个人力量滚动和搬动。今天我们来玩一个搬轮胎的游戏，小朋友要将轮胎滚动到障碍锥并绕过障碍锥滚动回来交给下一个小朋友，我们看看哪组做得又快又好。"教师一边讲解，一边示范搬运。

教师示范过程中让幼儿再一次尝试滚动轮胎和搬动轮胎，让幼儿感受哪一种更加省力，通过实际体验，得出结论：滚动轮胎更加省力。

教师："小朋友们，现在我们采用滚动轮胎的方式来完成下面这个游戏，看看哪一组完成得又快又好。小朋友在完成任务的过程中一定要注意安全。"

由于轮胎滚动不易控制，为了更好地保证幼儿活动安全，将幼儿分为两组，教师可以随时监控轮胎滚动轨迹。每组分配一个轮胎，在 30 米远处设置障碍锥一个。从第一个幼儿开始，滚动轮胎，绕过障碍锥后将轮胎滚回，与下一个幼儿击掌后，下一个幼儿开始滚动轮胎，按此规则幼儿依次出发，直至组内最后一名幼儿将轮胎滚回，看看哪组用时短，失误少。队列和场地规划如图 5-8 所示。

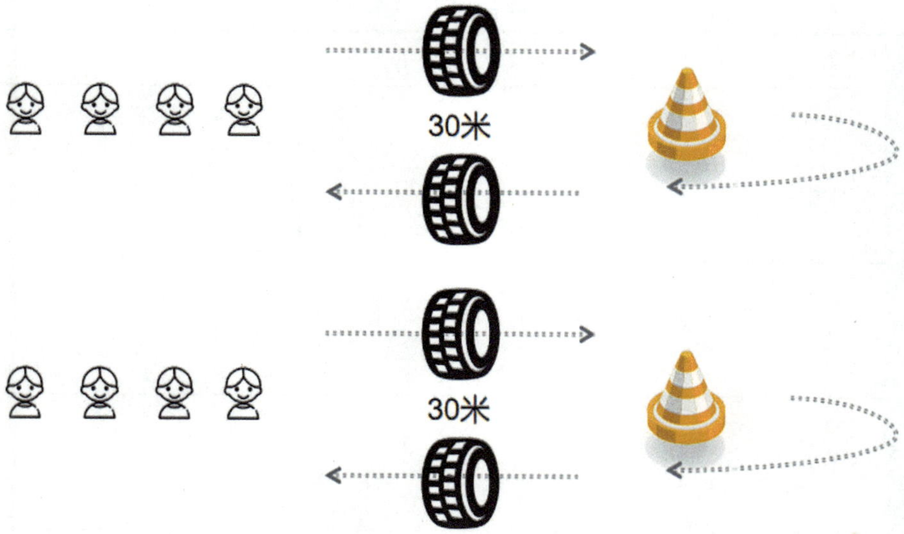

图 5-8　队列和场地规划

（4）结束部分

教师组织幼儿站队并总结本次游戏情况，以鼓励为主。教师播放舒缓音乐，带领大家进行放松运动：轻轻拍拍我的肩膀，轻轻拍拍你的肩膀；轻轻捏捏我的手臂，轻轻捏捏你的手臂；轻轻扭扭我的腰，轻轻扭扭你的腰；轻轻捶捶我的腿，轻轻捶捶你的腿。

教师带领幼儿收拾活动材料，然后退场。

5. 活动延伸

教师布置幼儿回家与家长一起学习圆形的知识，观察生活中还有什么物品是圆形的。

6. 活动评价与反思

滚动轮胎对幼儿来说是一种全新的体验，幼儿兴趣度较高。在游戏过程中，教师需要注意选取重量合适的轮胎，否则轮胎太大，幼儿不好控制，容易疲劳或者丧失游戏兴趣；轮胎太小，耐力锻炼效果较差。另外，选取的滚动跑道长度也要合适，适度锻炼幼儿的耐力。

教学活动设计方案表

活动名称	
角色扮演分配	教师： 学生：
活动目标	
活动准备	
活动过程	
活动延伸	
活动评价与反思	
活动创新点	

课后思考

1. 你认为幼儿耐力训练与传统意义上的青年耐力训练、成人耐力训练有什么区别？
2. 你认为幼儿进行耐力训练时需要注意哪几个方面的问题？按照你认为的重要程度排序写出。

模块六　幼儿柔韧性训练

学习目标

- 掌握柔韧性与幼儿柔韧性训练的基础知识。
- 掌握幼儿柔韧性训练的科学方法，并且会灵活运用。
- 能够运用所学知识，完成幼儿柔韧性教育活动的设计并且模拟幼儿教育课堂。

知识1 柔韧性素质与幼儿柔韧性素质

幼儿的柔韧性素质是幼儿体能中非常重要的一部分，幼儿进行柔韧性训练能有效地促进其身体各项机能的发展，更好地改善幼儿身体的不良姿态，促进身体的平衡性和协调性。

一、柔韧性素质

（一）柔韧性素质的定义

柔韧性素质指的是人体各个关节的活动幅度，以及肌肉、肌腱、韧带、皮肤和其他软组织的伸展能力。关节的灵活性和肌肉、肌腱、韧带的伸展性，都是身体素质的标准之一。

在柔韧性素质的定义中，关节指的是人体的骨关节。人体之所以能做出复杂多变的动作，是因为有关节的支撑、受力、传力这样一系列配合的过程。如果关节缺少活动，人体的活动能力就会比较低。如果进行一定的体能训练或者锻炼，人体的活动能力就会大大提高，关节的灵活性也会大幅提高，所以说只有具有一定的柔韧性素质，才能适应体能运动的需要。

（二）柔韧性素质的分类

柔韧性素质也称为柔韧性，除了我们常认为的柔软外，还要具备力量和速度。柔韧性从它与专项的关系来看，一般分为两种，即一般柔韧性和专项柔韧性。一般柔韧性是为适应一般的体能运动和体能锻炼需要的柔韧性，专项柔韧性则是为从事特殊的体能运动而必须具备的柔韧性。

柔韧性根据不同的标准还有很多划分的方式，例如：根据练习表现，可以划分为主动柔韧性和被动柔韧性；根据身体部位，可以划分为上肢柔韧性、下肢柔韧性、肩部柔韧性、腰部柔韧性；根据外部运动状态，可以划分为动力性柔韧性和静力性柔韧性。

二、幼儿柔韧性素质

幼儿正处于柔韧性素质发展的敏感期，如果能抓住这个时机，对幼儿的柔韧性素质进行积极有效的训练，就可以让幼儿的身体柔韧性素质得到充分的发展，从而提高韧带的伸展性。柔韧性素质的训练还可以促进幼儿其他身体素质的发展，从而使其身体素质得到全面的提升，让幼儿从小就奠定良好的身体基础。

在幼儿时期，由于肌肉和韧带的水分较多且处于生长期，因此幼儿身体较易于拉伸且可塑性较强。针对这一特点，在幼儿的身体训练中，我们应当多采用一些柔韧性的专项身体素质训练方法，在实际操作中可采用固定拉伸的训练方式，但是要注意持续时间的科学性，并且一定要注意每个幼儿先天性的发育不同，应因材施教，以使幼儿各肌肉群、各韧带组织得到合理的拉伸和塑造。

柔韧性素质对各项运动技术的掌握和发挥具有重要的作用，其具体作用如下：

1）加大运动幅度，有利于肌力和速度的发挥。

2）提高关节的灵活性，增加动作的协调优美感，可获得最佳的机能水平。

3）加速动作掌握进程，有利于技术水平的提高，使技术动作显得轻巧、灵活，更加协调和准确。

4）防止、减少伤害事故的发生，延长运动寿命。

5）柔韧性素质是各项活动、运动选材的重要依据之一。

此外，幼儿发展柔韧性素质在日常生活中也有着很重要的作用，加强柔韧性素质可以降低生活中遭遇意外情况时受伤的概率，并能使动作协调优美，提升自身气质。

知识2 幼儿柔韧性训练的方法与注意事项

柔韧性素质是体能锻炼中的重要组成部分之一，柔韧性训练的最佳提升阶段主要在幼儿园和小学阶段。进入初中和高中后，学生的身体进入成长发育旺盛期，

关节的灵活性及韧带的弹性慢慢减弱，训练效果降低，同时在训练过程中出现损伤的概率也增大。因此，在幼儿时期，系统有效的柔韧训练是提升幼儿柔韧素质的关键。

一、柔韧性训练的方法

柔韧性训练的方法主要分为主动练习法和被动练习法。

主动练习法是指不依靠外力而通过肌肉的主动收缩来增加关节灵活性的锻炼方法，可以分为主动动力性练习和主动静力性练习。主动动力性练习的特点为有动作次数的重复，负重或不负重，如各种踢腿、摆腿、肢体绕环、甩腰、扩胸等的练习。主动静力性练习是一种依靠自身肌肉的力量，使动作达到最大幅度并保持静止姿势的练习，如双杠直角支撑、体前屈、左右分腿、前后分腿、劈叉等的练习。

被动练习法是指依靠外力作用提升关节灵活性的一种方法，可以分为被动动力性练习和被动静力性练习两种方法。被动动力性练习是依靠他人的助力来拉长肌肉和韧带的练习。例如，进行后举腿练习时，借助外力抬高后举的幅度；进行坐立向前屈体练习时，人在背部向前、向下按压等练习。被动静力性练习是借助外力保持固定的姿势。例如，借助力保持体前屈姿态，借助力向前、后、侧抬腿到一定位置，并保持一段时间等。

二、幼儿柔韧性训练的方法

下面主要以主动静力性练习为训练内容，学习压腿练习、直立弯腰手碰地练习、单腿前压练习、双腿前压练习、压肩练习等五种适合幼儿柔韧性训练的方法。

（一）压腿练习

压腿练习是比较常见的一种柔韧性训练方法，主要作用为拉开腿部韧带。练习前要准备高度合适的栏杆。动作是将一条腿放在栏杆上，另一条腿站稳，交换左右腿进行，高度以两条腿站立好成直角为宜。能力弱的孩子可以根据能力用平衡板代替栏杆，降低高度，一定要注意缓慢进行，切忌用力过猛。在训练过程中可以对幼儿做出适当要求，如站正、不扭捏等，树立纪律观念，保持良好秩序。具体动作层次建议如下：

1）人站正，双腿膝盖伸直。4 个八拍，最后一个八拍时双手尝试拉住栏杆。

2）在第一层次的基础上，肚子去靠大腿，背挺直。8 个八拍，1、2、3、4 拍压下去，5、6、7、8 拍起来。最后一个八拍双手抱住小腿处，身体下压。

3）在第二层次的基础上，胸往膝盖处靠，背部保持挺直。8 个八拍，1、2 拍压下去，3、4 拍起来。最后一个八拍双手抱住脚踝，身体下压。

4）在第三层次的基础上，上身靠到腿上，背部保持挺直。8 个八拍，1、2 拍压下去，3、4 拍起来。最后一个八拍双手抱住脚踝，身体尽量贴住脚。

（二）直立弯腰手碰地练习

直立弯腰手碰地练习的主要作用是拉开腿部韧带。动作是双腿膝盖并拢并伸直，双手抱住小腿肚，身体慢慢往下压。可以要求幼儿背部挺直，保持 5 秒。在此基础上，教师可以根据幼儿情况适当增加或者减少时间。具体动作层次建议如下：

1）先把手搭在膝盖上。

2）再把手慢慢往下抱住小腿。

3）最后用手抱住脚踝。

（三）单腿前压练习

单腿前压练习的主要作用是提高腿部的柔韧性。练习前要准备垫子，建议配上舒缓的音乐。幼儿坐正，双腿前伸，膝盖伸直，然后收回一条腿放至大腿根部，双手慢慢往前抱住脚踝，上身往腿部靠。要求背挺直，膝盖伸直，慢慢往前，不能操之过急，吐气时身体往前压，吸气时身体往上回。具体动作层次建议如下：

1）把手搭在膝盖上。8 个八拍，1、2、3、4 拍压下去，5、6、7、8 拍起来。最后一个八拍双手抱住小腿处，身体下压。

2）用手抱住小腿。8 个八拍，1、2 拍压下去，3、4 拍起来。最后一个八拍双手抱住脚踝，身体下压。

3）用手抱住脚踝。8 个八拍，1、2 拍压下去，3、4 拍起来。最后一个八拍双手抱住脚踝，身体尽量贴住脚。

（四）双腿前压练习

双腿前压练习要在单腿前压的基础上进行，主要作用也是提高腿部的柔韧性。练习前要准备垫子，建议配上舒缓的音乐。幼儿坐正，双腿前伸，膝盖伸直，然后缩回两条腿放至大腿根部，双手慢慢往前抱住脚踝，上身往腿部靠。要求背挺直，膝盖伸直，慢慢往前，不能操之过急，吐气时身体往前压，吸气时身体往上回。具体动作层次建议如下：

1）把手搭在膝盖上。8 个八拍，1、2、3、4 拍压下去，5、6、7、8 拍起来。最后一个八拍双手抱住小腿处，身体下压。

2）用手抱住小腿。8 个八拍，1、2 拍压下去，3、4 拍起来。最后一个八拍双手抱住脚踝，身体下压。

3）用手抱住脚踝。8 个八拍，1、2 拍压下去，3、4 拍起来。最后一个八拍双手抱住脚踝，身体尽量贴住脚。

（五）压肩练习

压肩练习的主要作用是打开肩颈部的韧带。练习前要准备高度合适的栏杆。幼儿双手与肩同宽，将手放置在栏杆上，膝盖伸直。脚离栏杆为手臂伸直的距离。教师轻轻抱住幼儿肩膀往下压 3~5 下。幼儿手臂一定要伸直，双脚膝盖也要伸直。脚离栏杆的距离要保证手臂能伸直。具体动作层次建议如下：

1）按要求将准备动作做对。4 个八拍。

2）双腿分开与肩同宽，下压肩膀 5 下，最后一下保持，反复 5 次。

3）双腿并拢，其他动作要求同 2）。

三、幼儿柔韧性训练的注意事项

正确的柔韧性训练不仅可以提高动作质量、幅度、协调性和优美感，还可以防止运动损伤的发生，减少受伤概率，同时在训练的过程中使幼儿不断挑战自我，提高意志品质及改善不良身体形态等。教师在实施幼儿柔韧性训练的锻炼计划时，需要考虑以下几个方面。

1）幼儿柔韧性训练难度的选择取决于幼儿的髋关节、肌肉、肌腱、韧带等软组织伸展能力，不同幼儿的身体素质会有区别，训练的标准也不一样，不可搞“一刀切”。

2）引导幼儿进行柔韧性训练时要循序渐进，结合幼儿的身体素质开展，不能一开始就用力过猛或速度过快。

3）幼儿进行柔韧性训练时动作幅度不得过大，每次练习的时间不宜过长，不能超过正常的生理范围。幼儿练习时以感觉到微酸、微胀、微痛为限。

4）柔韧性训练必须与速度和放松练习相结合，要将动力性练习和静力性练习相结合。这样可以发展肌肉、关节、肌腱和韧带的弹性，有利于幼儿身体的恢复。

实训
幼儿柔韧性训练教育活动设计

幼儿柔韧性训练教育活动设计任务实施贴近学生就业实际情况，学生通过完成一节课的完整流程，模拟其未来的幼儿教师工作岗位。学生用所学体能专业知识组织课堂教学，提前适应工作状态，实现由学校学生角色到幼儿园教师角色的顺利过渡。

一、提出任务

准备一节幼儿柔韧性训练课。

1. 基本要求

1）通过幼儿柔韧性训练课，促进幼儿各种关节、韧带和肌肉的协调发展。

2）密切关注不同幼儿个体发育情况，灵活调整训练强度。

3）保障幼儿体能活动安全。

2. 提升要求

1）通过柔韧性训练，提高幼儿柔韧性，培养幼儿良好仪态。

2）课程设计丰富多彩，能够激发幼儿对体能课的兴趣。

二、任务准备

1）教师分组或者同学们自由组合（4~6 人一组为宜）。

2）教师结合示例进行讲解。

3）学生以组为单位对示例进行研讨，充分了解每个示例的设计思路，查找资料，确定设计方案。

4）学生准备活动所需的器械（可以自制简易器械供讲解展示用）。

三、任务实施

1. 教学设计

根据小组讨论结果，填写教学活动设计方案表（表附后）。

2. 教学展示

以小组为单位，根据教学活动设计方案表，一位学生扮演老师，根据教学活动设计可以有助教等角色，其他学生扮演幼儿，完成5~10分钟的教学展示。

3. 评价反思

教师组织学生自评、小组互评，教师总结评价本节幼儿柔韧性训练课的课堂效果，并提出改进意见。

四、任务实施示例

下面让我们详细了解示例，为大家提供参考。同学们在学习示例活动时，要重点思考示例能够实现的教学目标和创新点，为本组教学活动的设计提供思路。

示例一

1. 活动名称

中班动作发展活动“小小志愿者捡豆豆”如图6-1所示。

图6-1　小小志愿者捡豆豆

2. 活动目标

1）知识技能目标：锻炼幼儿上下肢的柔韧性。

2）能力培养目标：提高幼儿对物体的控制能力和动作的协调性。

3）情感态度目标：体验与同伴合作游戏带来的快乐，牢固树立节约粮食的思想。

3. 活动准备

（1）知识准备

幼儿已初步具备在平面上跳跃、爬行的能力，在游戏过程中可结合弯腰、伸手等动作来锻炼幼儿的柔韧性。

（2）物质准备

滑板车、绒布球、粘球衣 20 套、头盔等护具 20 套、绳子若干。物质准备如图 6–2 所示。

图 6–2 物质准备

4. 活动过程

（1）新课导入

教师播放丰收时节农民收粮食的视频，利用视频向幼儿讲授珍惜粮食的重要性，告诉幼儿不要浪费粮食，吃多少就拿多少，养成节约粮食的好习惯。

教师："小朋友们，让我们一起帮助农民伯伯收豆豆吧！"

（2）准备部分

幼儿站成四路纵队，听着音乐进行队列口令训练、走跑交替训练。慢走—慢跑—快跑—慢走。

幼儿站立后，教师播放音乐，幼儿随音乐做热身运动：我的脑袋点一点，我的小手摆一摆，我的小脚踢一踢，我的小腰弯一弯，我的屁股转一转，我的膝盖蹲一蹲，我的身体跳起来。热身运动队列如图 6–3 所示。

幼儿穿戴护具，教师进行检查。

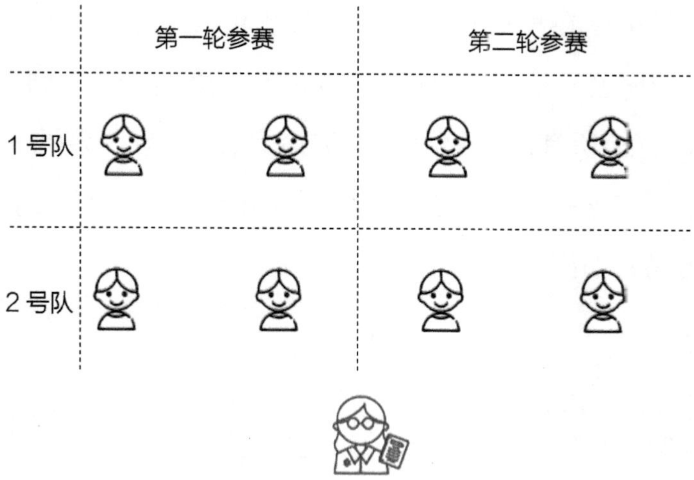

图 6-3　热身运动队列

（3）基本部分

教师："天要下大雨了，农民伯伯们正在抢收豆豆，但地里还有许多的豆豆没有放进粮仓，需要我们小小志愿者拉着滑板车去运送豆豆，现在需要我们掌握推拉滑板车的动作。"

幼儿分为两队，每队四人一组，进行两轮比赛，每轮比赛中各队派两人参赛。每队共用一个滑板车，用滑板车合作玩游戏，看哪组幼儿的玩法多。幼儿相互交流、讨论不同的玩法，个别幼儿进行展示，其他幼儿模仿和学习，体验滑板车活动的乐趣。

教师："为帮助农民伯伯抢收豆豆，我们小小志愿者基本掌握了推、拉滑板车的动作，但是有些动作不规范。下面让老师再次示范如何推、拉滑板车，请小小志愿者们认真记住，只有熟练掌握了，才能更好更快地帮农民伯伯抢收豆豆。"

推滑板车动作要领：一名幼儿俯卧在滑板车上，双手用力抓住滑板车边缘，两腿伸直并拢，推滑板车的幼儿要握住俯卧在滑板车上的幼儿的脚腕，双手用力推俯卧在滑板车上幼儿的双腿，两人配合好同时前进。

拉滑板车动作要领：一名幼儿俯卧在滑板车上，双手用力抓住滑板车边缘，拉滑板车的幼儿将绳子穿入滑板车的圆洞，双手抓紧绳头，注意前方路况，掌握好方向，两人配合好同时前进。

幼儿以推或拉的方式合作进行练习。

幼儿分为两队，每队四人一组，每轮比赛派两人参赛。一名幼儿身穿粘球衣，俯卧在滑板车上或盘腿坐在滑板车上，另一名幼儿以对应的推滑板车或拉滑板车的方式，帮助同伴将场地里散放的“豆豆”（绒布球）捡起来，捡到“豆豆”的幼儿将“豆豆”粘在身上，直至所有的“豆豆”都被捡完，“豆豆”多的一队幼儿获胜。一轮游戏后，交流如何快速捡到更多的“豆豆”。每队轮流上两名幼儿，开展第二轮游戏。队列和场地规划如图 6–4 所示。

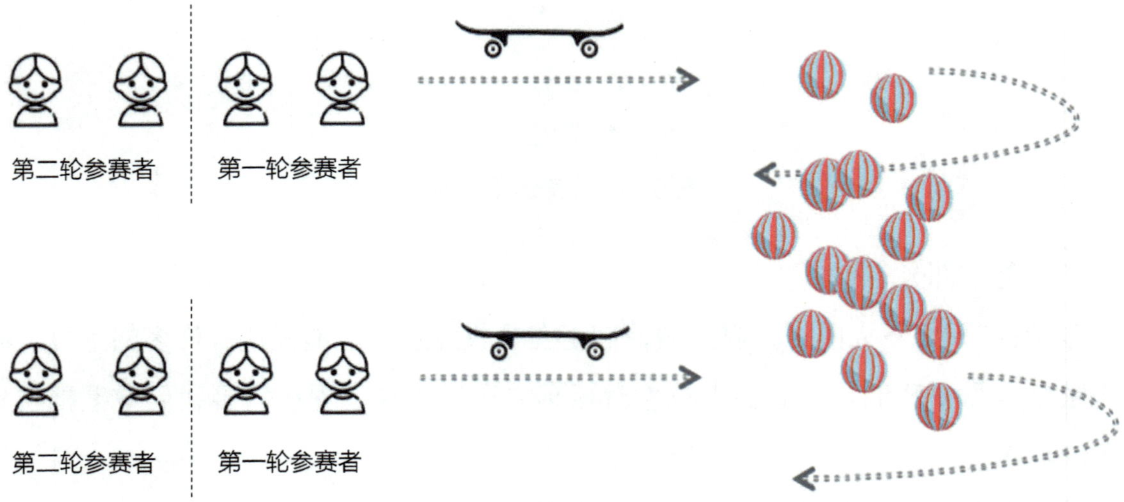

图 6–4　队列和场地规划

小小志愿者捡豆豆演习。教师播放“电话铃声及农民伯伯求助”的录音，然后集中幼儿。

教师：“刚才，队长接到一个求助电话，有一个农场想在下大雨前把所有的豆豆收到粮仓内，需要我们赶到那儿，帮助农民伯伯把豆豆收到粮仓内。现在你们赶快分成四队紧急出动。”

听教师口令，各队小朋友按照两人一组进行捡豆豆。

（4）结束部分

教师组织幼儿站好，总结帮助农民伯伯捡豆豆任务的完成情况。在音乐声中，大家做放松运动：我的小手挥一挥，我的小脚甩一甩，我的腰转一转，我的头点一点，拍拍臂膀，捶捶小腿……

教师带领大家收拾活动材料，然后退场。

5. 活动延伸

教师引导幼儿回家给家庭成员开“珍惜粮食，浪费可耻”的家庭专题会议。

6. 活动评价与反思

本次活动设计利用情境教学，选择幼儿助人为乐的主题，增加了幼儿参与的兴趣，提高了幼儿课堂的参与度，通过游戏锻炼了幼儿的柔韧性和协调性，培养了集体协作意识。在进行游戏前，教师一定要检查幼儿是否穿戴好护具，叮嘱幼儿推拉滑板车时一定要注意安全。

示例二

1. 活动名称

大班动作发展活动“钻爬闯关”如图 6-5 所示。

图 6-5 钻爬闯关

2. 活动目标

1）知识技能目标：幼儿掌握钻爬动作要领。

2）能力培养目标：幼儿能够根据不同高度、不同组合方式的网线，灵活运用跨、爬、钻等动作躲避网线。

3）情感态度目标：树立不怕困难、勇于挑战的精神。

3. 活动准备

（1）知识准备

大班幼儿钻、爬、跨等动作已经发展到一定水平，为增强活动的挑战性，教师灵活设置游戏难度，进一步提高幼儿身体的控制力与柔韧性，可以设置不同高度的网线，促使幼儿综合采用钻爬、跨越等方式通过。

（2）物质准备

多媒体电视、影视片段、椅子、绳子、铃铛。物质准备如图 6–6 所示。

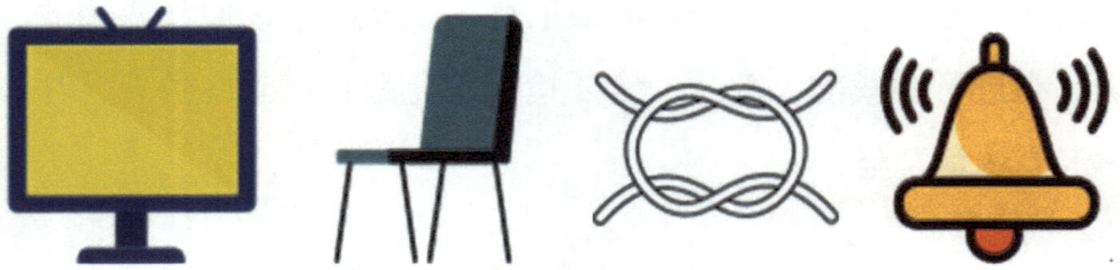

图 6–6　物质准备

4. 活动过程

（1）新课导入

教师播放影视片段中的跨越网线或者红外线的视频，引导学生讨论跨越采用的是什么动作及选取各种不同动作的主要依据。

（2）准备部分

幼儿站成四路纵队后，教师播放音乐，幼儿随音乐做热身运动：我的脑袋点一点，我的小手摆一摆，我的小脚踢一踢，我的小腰弯一弯，我的屁股转一转，我的膝盖蹲一蹲，我的身体跳起来。热身运动队列如图 6–7 所示。

图 6–7　热身运动队列

（3）基本部分

教师："小朋友注意观察，椅子上的线有什么不同？"引导幼儿讨论。

教师："大家要注意根据线的不同高度选取合适的通过方式，并且不能碰到线。如果碰到线，铃铛就会响，要重新通过哦。"

教师将幼儿分为两组进行训练比赛。队列场地规划如图 6-8 所示。

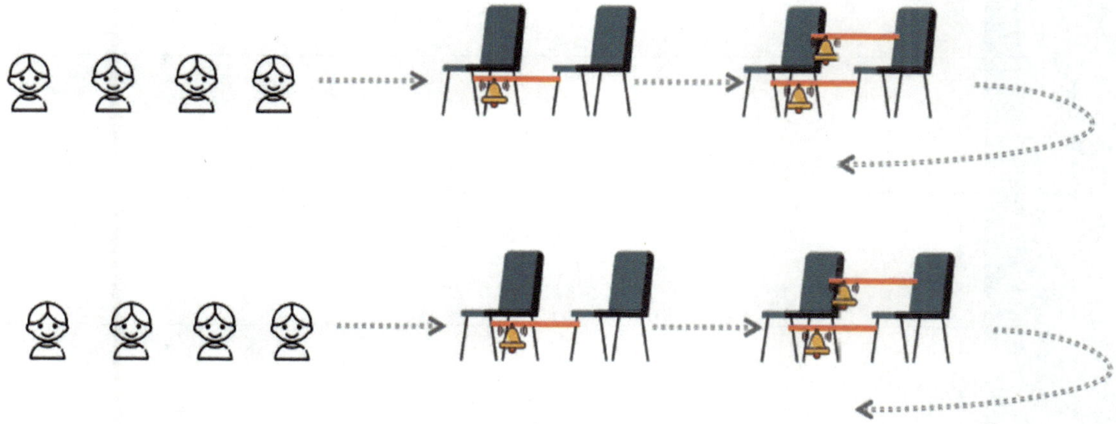

图 6-8 队列场地规划

（4）结束部分

教师组织幼儿站队，并做放松运动：我的小手挥一挥，我的小脚甩一甩，我的腰转一转，我的头点一点，拍拍臂膀，捶捶小腿……

教师带领大家收拾活动材料，然后退场。

5. 活动延伸

教师引导幼儿讲解游戏经验，锻炼表达能力。

6. 活动评价与反思

本次活动设计通过闯关游戏锻炼了幼儿身体的控制力与柔韧性，培养了集体协作意识。教师需注意在设置游戏难度上要科学合理，当难度大时，参与游戏的幼儿要少，保证游戏秩序。

教学活动设计方案表

活动名称	
角色扮演分配	教师： 学生：
活动目标	
活动准备	
活动过程	
活动延伸	
活动评价与反思	
活动创新点	

课后思考

1. 你认为幼儿柔韧性训练与传统意义上的青年柔韧性训练、成人柔韧性训练有什么区别？
2. 你认为幼儿进行柔韧性训练时需要注意哪几个方面的问题？

模块七　幼儿协调性训练

学习目标

- 掌握协调性与幼儿协调性训练的基础知识。
- 掌握幼儿协调性训练的科学方法，并且会灵活运用。
- 学生能够运用所学知识，完成幼儿协调性训练教育活动的设计并且模拟幼儿教育课堂。

知识1 协调性素质与幼儿协调性素质

幼儿协调性训练是幼儿体能训练中的重要部分，幼儿身体的协调性能有效地促进幼儿的身体发育，同时促进幼儿各项运动技能的学习。

一、协调性素质

（一）协调性素质的定义

协调性素质是指机体不同系统、不同部位、不同器官协同配合完成技术动作的能力。协调能力是形成运动技术的重要基础，主要表现在两方面：一是合理地建立完整运动动作的能力；二是改造已形成的动作形式的能力。通俗地说就是“学”和“改”的能力，身体协调性好，学动作和改动作就会又快又好。协调能力对于游泳来说非常重要，它和身体素质以及专项技术构成运动员训练的三个基本方面。身体素质和专项技术的提高可以改善协调能力，同时协调能力又会有助于另外两项的发挥。总体来说，协调能力是一项综合能力，它的影响因素包括：遗传因素、中枢神经系统和感觉器官的灵活性和准确性、其他运动素质的发展水平、运动技能储备量和个人个性心理特征等，它甚至还和个人的注意力集中、思维敏捷和意志顽强等心理素质有关系。对于“学”的方面，可以用极为大量的一般和专项训练来学习和巩固技术动作；对于“改”的方面，可以用多样的、新颖的练习来提高协调难度，促进身体的协调。

（二）协调性素质的分类

运动协调能力是综合的神经机能能力，其表现形式即运动协调。人体运动协调能力由反应能力、空间定向能力、本体感知能力、节奏能力、平衡能力与动作认知有关的认知能力等多种要素构成。

在神经综合控制下，运动协调可以分为肌肉协调与动作协调。肌肉协调通过肌肉的配合来表现。一个动作，不论简单还是复杂，都存在着主动肌、辅助肌、拮抗肌的相互配合协作，以及不同动作部位各肌肉间的配合协作。而动作协调则是指动作的不同阶段、不同环节相互配合、相互联结的状态。

根据运动员协调能力与其运动专项关系的密切程度，可将协调能力分为一般协调能力和专项协调能力。一般协调能力是指运动员完成各种运动活动时需要的普适性的协调能力，专项协调能力则是指运动员完成专项运动时需要的专门性的协调能力。

二、幼儿协调性素质

幼儿协调性素质是指幼儿在神经系统的控制下各个器官系统协调配合完成动作的能力，所以幼儿的神经系统的发育水平对协调性具有较大影响。幼儿的神经系统是相较于其他系统最先发展的，在幼儿时其脑细胞的总数就接近成人 80% 的水平，同时幼儿的大肌肉群相较于小肌群提前得到发展。

（一）幼儿协调性发展过程

在出生到 1 岁的时间内，幼儿从无意识地抓握反射到有意识地抓握运动，再发展到能够拍打、拿起某个物体，能够自己将饭菜送入嘴中。在 1 岁到 2 岁的时间内，幼儿能够一只手拿起两个物体，并且能够有意识地跟随大人学习搭建积木等技能。3 岁以后幼儿的四肢、耳朵、眼睛、躯干等，在大脑的控制下能够配合得更加完美，其协调性进入高速发展期。

（二）幼儿协调性训练的重要性和必要性

3~6 岁的幼儿身体正处于生长发育的重要时期，体内新陈代谢旺盛，但肌肉组织的增长往往落后于骨骼生长，肌肉发育不平衡，再加上骨骼的骨化尚未完成，弹性和柔韧性较大，极易受外界因素的影响，稍不注意便可能发生肢体畸形，影响骨骼的生长发育。因此，要科学性地对少儿进行体能训练。很多家长受传统观念影响，认为孩子年龄较小，不需要进行专门的体能训练，而且孩子容易在运动中受到伤害，过早进行协调性锻炼会影响孩子的生长发育。但事实恰好相反，有规律的协调性锻炼不但可以降低幼儿在运动中受伤的风险，还能提高运动表现，对幼儿的生长发育产生积极影响。

协调是一项复杂的技能，是身体素质的一种，它是指抵抗破坏平衡的外力，以保持全身处于稳定状态的能力。在各项体能中，协调性训练可以说是最困难的。影响协调性的因素除了遗传因素、心理个性外，还有肌肉的力量与肌肉的耐力、技术动作纯熟度、速度与速度耐力关系、身体重心平衡（关系肌力与肌耐力）、动作韵律性（技术动作要纯熟才行）、肌肉放松与收缩，甚至柔软度等。

协调性是指能够使用感官和身体部位来顺利、高效和准确地执行任务，如果协调一致，可以让肌肉在正确的时间一起工作，以产生需要的适度的力量，确保顺利完成的一项技能。

协调性好能提高运动效率，更好地完成动作，如使用较大的肌肉跑步，使用小的肌肉做精细的运动。协调需要多个器官和肌肉一起工作，使身体活动更顺畅，用更少的能量完成技能。

良好发展的协调能力有助于幼儿迅速地建立起大脑皮层中相关中枢之间的联系，更快地形成动力定型，高质量地掌握运动技巧，也有助于运动员更好地适应运动时的外部环境，有助于运动员在完成同样的运动练习时更节省地使用能量和减少运动创伤的发生。

知识2 幼儿协调性训练的方法与注意事项

幼儿协调性训练要根据幼儿生长发育的具体情况，不宜采用与成人一样的训练方式，而应多融入游戏和贴近日常生活，不宜运动量太大。

一、协调性训练的方法

（一）反应能力的训练

反应能力是指人神经及动作的快速应答能力。反应能力的强弱直接影响着个人的协调能力的水平。反应能力的训练通常采用反应速度的训练方法。

（二）平衡能力的训练

平衡能力是指人体维持平衡的本领。人体运动时总是与维持相对稳定的身体位置（操作姿势）相联系，即与保持平衡相联系。平衡是通过对抗使身体偏离适宜位置的力（惯性力、支撑反应力等）而达到的状态。人体保持稳定姿势的能力是保证人体基本静态位置的关键能力，也是人体有效完成某一动作的基础。在实践中加强关节稳定性的同时，常采用以下方法改善运动员的平衡能力：

1）在有视觉和运动感觉的条件下，或在只有运动感觉的情况下完成负重练习。通过改变负重量，并准确控制用力的大小，来提高个人控制肌肉工作的能力。

2）在各种器械上模仿比赛动作。要求在最大用力 50%~100% 的范围内改变用力的大小。

3）在力量练习器上通过不断改变阻力的大小，提高个人在改变阻力的情况下完成练习的能力。

（三）节奏能力的训练

节奏能力是指个人在练习过程中，完成动作的时间和力度上呈现出来的快慢、强弱有序变化的能力。常采用以下练习：

1）用固定的频率完成不同长度的分段距离。要求完成每一个分段距离时保持固定的频率。

2）用高于比赛平均频率完成分段距离和全程。要求练习时首先确定比赛的平均速度，然后在完成每分段距离时采用高于或低于比赛的频率，如 1 分钟多或者少 2、4、6 个动作，来提高个人控制节奏的能力。完成 3~4 个分段距离，保持成绩，增加频率。要求第一个分段距离用比赛速度来完成，下一个分段距离与上一次练习相比，多增加一个周期动作或减少一个周期动作 。

（四）空间定向能力的训练

空间定向能力是指个人对外界物体或现象的空间位置的判断及其对自身运动的空间位置判断的能力。空间定向能力的主要评价指标就是对技术动作的精确控制水平。

控制动作的精确性作为完成某一技术动作的关键因素，对个人的空间定位能力起着决定性作用。例如，体操等表现难美性项群的运动项目要求运动员神经、肌肉系统准确控制肌肉的工作，并表现身体和身体各个环节在空间运动过程中的精准移动。排球、拳击等命中类运动项目，也要求个人具有很强的空间定向能力，通过瞬间判断和操作来控制完成动作的方式与发力的时机 。

（五）时间感知能力训练

时间感知能力是指个人对完成练习在时间维度上准确判断的能力。时间感知能力的培养常采用以下方法：

1）变速完成比赛距离的练习。预先设定练习目标（如时间目标），再如规定行进速度为最大速度的 95% 、90%、85%、80%、75%、70%。要求个人尽可能按规定的速度完成练习。

2）要求个人在练习距离中规定的段落里按比赛速度行进，并逐渐增加规定段落的距离。

3）练习后要求个人将实际练习速度与主观感觉速度进行对比，以提高其时间感知能力。

（六）距离感知能力的训练

距离感知能力是指个人对距离的准确判断与控制能力。该能力对田径项目中需要准确助跑的跳跃和掷远运动项目有着重要作用。

对于要求有准确助跑的运动项目来讲，由于场地、气候、个人身体状态等各种原因都会影响助跑的准确性，因此训练个人的助跑准确性时，加强个人的距离感成为重要内容，如提高最后四五步的控制步幅。准确起跳的能力是如跳远这样要求有准确助跑的运动项目的训练关键。

另外，可以通过固定投掷距离的方式提高个人肌肉控制能力，即通过投准的方式提高个人控制器械的能力。该练习对掷铁饼、标枪等项目的运动员距离感的提高有积极作用。

（七）专门感觉能力的训练

专门感觉能力是在完成各种各样的专门练习的过程中得到发展的。专门的感觉能力与运动项目的运动方式以及运动环境密切相关。如自行车的车感，游泳运动员的水感，划船运动员、帆船运动员的船感，篮球运动员的球感等，都是通过从小在相应的环境里或通过从小驾驭器械的训练获得的。

二、幼儿协调性训练的方法

幼儿协调性训练可以参考成人训练的方法，但是一定要符合幼儿的身体发育水平。以下列举了几类常用的训练方法。

（一）交叉步

动作要求幼儿身体侧向，双脚分开自然站立，双手侧平举，目视前方，身体侧向行走时一侧脚先迈到行进一侧脚的前方，然后左、右脚转换着侧向行进。

（二）绳梯练习

动作要求幼儿自然站在绳梯起始位置，开始时一侧脚先迈进绳梯内，另一侧脚跟上，先前迈过两个绳梯小格后，一侧脚向后迈回，另一侧跟回，形成向前进两格向后退一格的前进方式。

（三）十字象限跳

动作要求幼儿双脚并拢自然站立在十字象限中的一格，按照顺时针、逆时针或者交叉的方式进行连续的跳跃，在规定时间内完成一定的跳跃次数。

（四）熊爬

动作要求幼儿俯身，双手、双脚支撑在地面上，开始可以采用同侧手脚或异侧手脚同时向前进的方式。

（五）运球过杆

动作要求幼儿站在杆前，按照指令要求分别采用脚背、脚内侧、脚外侧轮换的方式带球绕杆前进。例如，“1”代表脚背带球，“2”代表脚内侧带球，“3”代表脚外侧带球，可以采用更加灵活的方式，结合口令让其不停地转换方式。

（六）听令拍球

动作要求幼儿分腿站立，重心下沉，呈马步姿势，一手持球听口令分别进行高、中、低不同高度运球的转换以及左右的交换练习。例如，“1”代表低运球，“2”代表中运球，“3”代表高运球，“4”代表换手。

（七）其他训练方式

1）外界任务训练：幼儿通过眼睛、手部的锻炼，可以使运动协调能力得到改善，如让孩子使用筷子夹豆子，以综合协调各种感官。

2）手脑训练：可以让幼儿进行简单的拼图训练，或让其学习弹钢琴等，并进行测试和训练，以改善幼儿大脑和手部的配合能力，从而改善身体的协调能力。

三、幼儿协调性训练的注意事项

通过科学合理的幼儿体格锻炼计划，可以帮助幼儿园的幼儿建立良好的身体素质和健康意识，促进幼儿的全面发展和健康成长。在实施幼儿体格锻炼计划时，协调性素质训练应注意以下问题：

1）人体的协调能力受到运动时间、空间或动力控制等多种因素的影响。幼儿在协调能力的训练中，要注意与其他各项素质的配合。

2）幼儿可以参加运动项目的练习，如体操训练，可以有效提高幼儿肌肉协调能力、空间感知能力以及平衡能力。

3）协调素质的训练应作为每天的重要训练内容来安排。

4）幼儿协调性训练要注意与日常生活技能和运动技能的结合，注意采用有趣的游戏方式，尽量避免单一的重复动作训练。

5）幼儿在协调性训练中要时刻注意安全，不仅包括活动的幼儿身体安全，还包括环境安全、器械安全等。将安全放在活动的首位。

实　训
幼儿协调性训练教育活动设计

幼儿协调性训练教育活动设计任务贴近学生就业实际情况，学生通过完成一节课的完整流程，模拟未来的幼儿教师工作岗位。学生用所学体能专业知识组织课堂教学，提前适应工作状态，实现由学校学生角色到幼儿园教师角色的顺利过渡。

一、提出任务

准备一节幼儿协调性训练课。

1. 基本要求

1）通过幼儿协调性训练课，提高幼儿协调性。

2）密切关注不同幼儿个体发育情况，灵活调整训练强度。

3）保障幼儿体能活动安全。

2. 提升要求

1）通过协调性素质训练，提高幼儿的益智游戏能力及掌握日常生活技能。

2）幼儿通过练习获得成就感，培养自信心。

二、任务准备

1）教师分组或者同学们自由组合（3~5 人一组为宜）。

2）教师结合示例进行讲解。

3）学生以组为单位对示例进行研讨，充分了解每个示例的设计思路，查找资料，确定设计方案。

4）学生准备活动所需的器械（可以自制简易器械供讲解展示用）。

三、任务实施

1. 教学设计

根据小组讨论结果，填写教学活动设计方案表（表附后）。

2. 教学展示

以小组为单位，根据教学活动设计方案表，一位学生扮演老师，根据教学活动设计可以有助教等角色，其他学生扮演幼儿，完成 5~10 分钟的教学展示。

3. 评价反思

教师组织学生自评、小组互评，教师总结评价本节幼儿协调性训练课的课堂效果，并提出改进意见。

四、任务实施示例

下面的示例为大家提供参考。同学们在学习示例活动时，要重点思考示例能够实现的教学目标和创新点，为本组教学活动的设计提供思路。

示例一

1. 活动名称

中班动作发展活动“夹豆子”如图 7–1 所示。

图 7–1　夹豆子

2. 活动目标

1）知识技能目标：幼儿能够灵活地跑动，夹起“黄豆”。

2）能力培养目标：通过练习，增强幼儿协调性，练习夹东西的技能。

3）情感态度目标：让幼儿了解黄豆的生长过程，认识黄豆这种植物。

3. 活动准备

（1）知识准备

让幼儿掌握跑和夹的动作要领，了解黄豆的生长和用途等。

（2）物质准备

教师口哨一只、篮子、海绵球、两根橡胶棒（或者空心的塑料棒，不要用真筷子）、多媒体电视和黄豆生长视频。物质准备如图 7–2 所示。

图 7–2　物质准备

4. 活动过程

（1）新课导入

教师播放黄豆从种入土壤一直到可以收获的生长视频。

教师："小朋友们，黄豆成熟了，让我们一起收黄豆吧。"

（2）准备部分

幼儿站成四路纵队，听着音乐进行队列口令训练、走跑交替训练。慢走——慢跑——快跑——慢走。

幼儿站立后，跟随教师的口令进行热身运动：我的脑袋点一点，我的小手摆一摆，我的小脚踢一踢，我的小腰弯一弯，我的屁股转一转，我的膝盖蹲一蹲，我的身体跳起来。热身运动队列如图 7–3 所示。

图 7–3　热身运动队列

（3）基本部分

教师：“小朋友们，现在我们分为两组，拿好我们的工具，去收黄豆吧，大家一定要用“筷子”夹黄豆，用手和脚夹的黄豆不算哦，落地也要重新回去夹。最后我们数一数，哪一组的黄豆多！”队列和场地规划如图 7–4 所示。

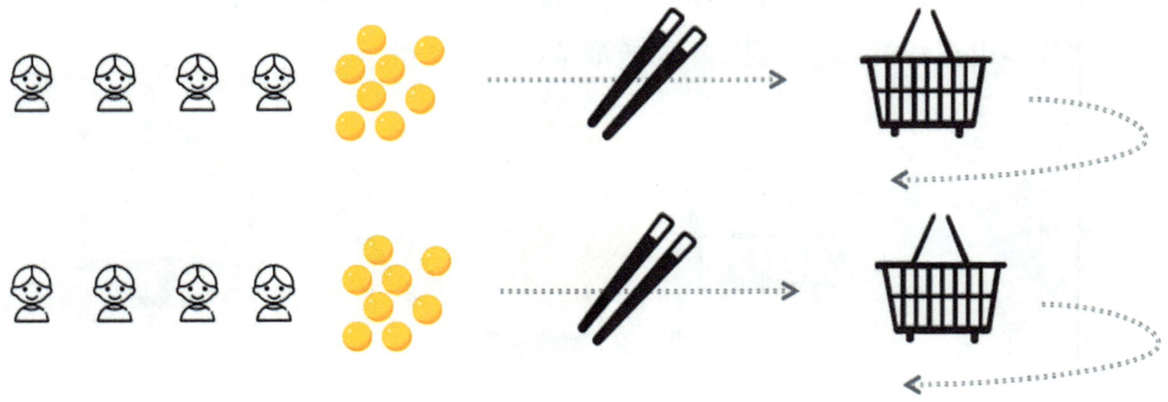

图 7–4　队列和场地规划

（4）结束部分

教师总结哪一队的收获多。讲解在游戏过程中幼儿高效完成的经验和好的做法。

教师带领幼儿进行放松运动。幼儿站成四列横队，每名幼儿给前排的幼儿拍打背部进行放松，注意拍打的力度。3 分钟后，全体幼儿向后转，再进行一轮背部拍打放松。

教师带领幼儿收拾活动材料，然后退场。

5. 活动延伸

教师布置任务，要求幼儿回家后，在家与家长一起进行筷子夹黄豆的练习。

6. 活动评价与反思

本次活动设计设置了两队竞争环节，激发了幼儿的活动兴趣。在游戏过程中特别要注意的就是“筷子”道具的选取，一定要有柔软度。活动也可以在室内进行，用比较小的球体或者真豆子来进行游戏，但是幼儿喜欢用小物体堵塞鼻孔等，要特别注意其活动安全。

示例二

1. 活动名称

大班动作发展活动“双手拍球跑”如图 7–5 所示。

图 7–5　双手拍球跑

2. 活动目标

1）知识技能目标：幼儿能够更加熟练地进行拍球，并且能够协调控制双手拍球。

2）能力培养目标：通过练习，增加幼儿的协调能力。

3）情感态度目标：幼儿能够热爱运动。

3. 活动准备

（1）知识准备

幼儿已经具备单手静止拍球能力，但需要进一步巩固拍球动作，发展双手拍球能力，并以一定速度行进。

（2）物质准备

教师口哨一只、篮球、障碍锥、多媒体电视、有运动激情的背景音乐。物质准备如图 7–6 所示。

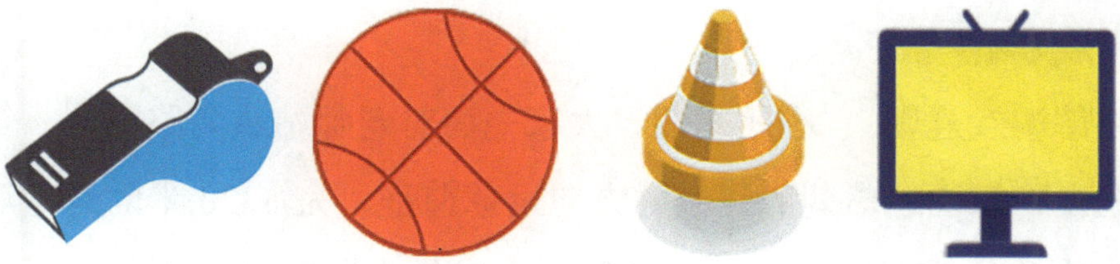

图 7–6　物质准备

4. 活动过程

（1）新课导入

教师播放幼儿双手行进拍球视频，并亲身示范动作进行讲解。

（2）准备部分

教师带领幼儿跟随音乐进行队列口令训练、走跑交替训练。慢走——慢跑——快跑——慢走。

幼儿站成四路纵队，教师在幼儿前面站立，带领幼儿在激情音乐的气氛下练习单手原地拍球、双手原地拍球、单脚站立拍球等。热身运动队列如图 7–7 所示。

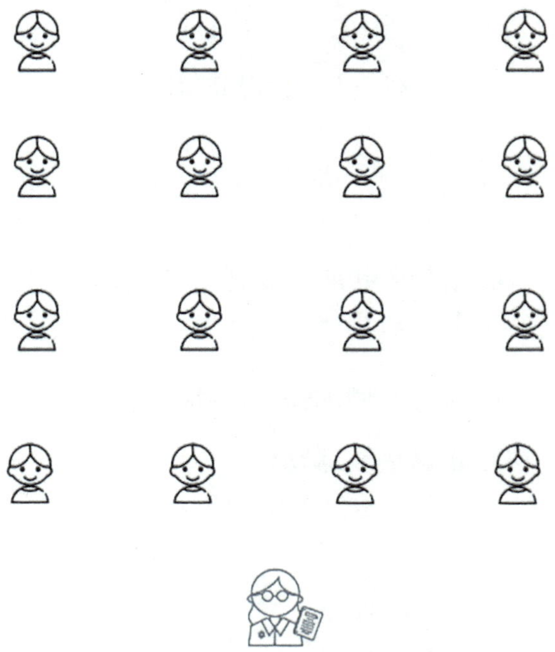

图 7–7　热身运动队列

（3）基本部分

教师展示篮球单手原地运球和双手行进间运球动作。教师引导幼儿："小朋友们，刚才老师的打篮球动作帅不帅气，你想不想像老师一样？那我们现在就进行双手运球游戏好不好？"

教师讲解游戏规则："小朋友们，大家先面对老师站成两路纵队，等下队伍的第一位小朋友，双手运球朝障碍锥的方向运球前进，完成 20 米的运球后从障碍锥的左侧绕过来，然后返回到出发的线后，第二位小朋友再运球前进，大家依次进行，直到最后一名小朋友返回。大家要记住，运球的过程中，球如果掉落了，就要从球掉落的地方重新开始，我们看看哪一组的小朋友完成得最快哦！现在老师先给大家示范一下，大家仔细观看。”教师讲解示范游戏玩法后，幼儿开始游戏。队列和场地规划如图 7-8 所示。

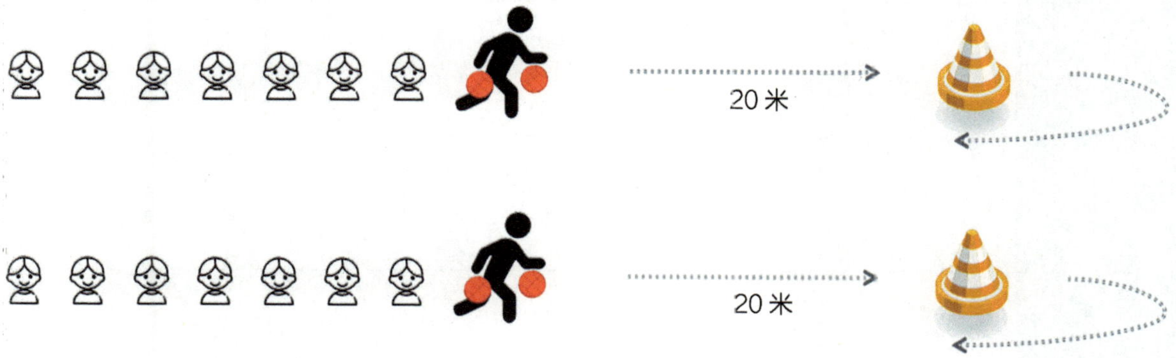

图 7-8　队列和场地规划

（4）结束部分

教师组织幼儿站队，找出双手拍球动作规范的小朋友，进行展示学习，总结胜队的经验。

教师带领幼儿做放松运动，教师将篮球用力击地，篮球落地一次，幼儿发出一次“哈”的声音，随着篮球频繁落地，幼儿发出“哈哈哈哈”大笑的声音，从而放松幼儿情绪。

教师带领幼儿收拾活动材料，然后退场。

5. 活动延伸

教师引导幼儿放学回家后，练习静止双手拍球。

6. 活动评价与反思

本次活动设计在传统单手拍球的基础上提升难度，采用双手拍球，能够有效提升幼儿身体的协调性。

课程中发现幼儿静止练习双手拍球的时间应该加长，幼儿拍球不熟练会导致篮球掉落，影响幼儿的游戏体验。

教学活动设计方案表

活动名称	
角色扮演分配	教师： 学生：
活动目标	
活动准备	
活动过程	
活动延伸	
活动评价与反思	
活动创新点	

课后思考

1. 你认为幼儿协调性训练与传统意义上的青年协调性训练、成人协调性训练有什么区别？
2. 你认为幼儿进行协调性训练时的基础有哪些？

模块八　幼儿灵敏性训练

学习目标

- 掌握灵敏性与幼儿灵敏性训练的基础知识。
- 掌握灵敏性训练的科学方法，并且会灵活运用。
- 学生能够运用所学知识，完成幼儿灵敏性训练教育活动的设计并且模拟幼儿教育课堂。

知识1 灵敏性素质与幼儿灵敏性素质

幼儿期是人体生长发育的重要阶段，也是塑造个性、培养基本素质的关键时期。在幼儿园阶段，灵敏性训练是培养幼儿身体协调、感觉运动能力和认知能力的重要手段。因此，科学合理的幼儿灵敏性训练方案对帮助幼儿健康成长具有重要意义。

一、灵敏性素质

（一）灵敏性素质的定义

灵敏性素质是指人体在各种突然变换的条件下，快速、协调、敏捷、准确地完成动作的能力，它是人的运动技能、神经反应与各种身体素质的综合表现。各专项的每一个动作都不同程度地体现了力量、速度、耐力、柔韧性等素质。通过力量，即爆发力量，控制身体的加速或减速；通过速度，即爆发速度，控制身体移动、躲闪、变换方向的快慢；通过柔韧性，保证力量、速度的发挥；通过耐力，保证持久的工作能力。这些素质的综合运用才能保证动作的熟练程度。因此，反应迅速、判断准确、及时做出应答动作是灵敏性素质的先决条件，各素质协同配合是完成应答动作的基础，应答动作的熟练程度直接体现了灵敏性素质的高低。

（二）灵敏性素质的分类

从运动专项的角度，灵敏性素质可分为一般性灵敏素质和专门性灵敏素质两类。一般性灵敏素质是指完成各项复杂动作时表现出来的应变能力。专门性灵敏素质是指各专项运动需要的，与专项技术有密切关系，适应变化的外界环境特有的能力。

从竞技过程中灵敏性素质的表现和应用来看，可分为闭式灵敏和开式灵敏。闭式灵敏又称程序化灵敏，是指在预先设计好的计划、可预知及稳定的环境下进行的灵敏性训练。开式灵敏也称为随机灵敏，是指在没有预先设计好的程序或随机变化的环境下进行的灵敏性训练。在开式灵敏训练中，运动员不知道未来的动作是什么，而是根据突如其来的信号，采取相应的动作。

二、幼儿灵敏性素质

幼儿灵敏性素质是指幼儿在复杂多变的条件下，对刺激做出快速、准确的反应，灵活控制身体和随机应变的能力。这是一种身体素质，是构成幼儿调整素质的一种能力要素。灵敏性可以在起动、急停、躲闪或多变的环境中迅速改变身体位置时表现出来。灵敏性是一种综合素质，是速度、柔韧、力量等素质的综合反映，其后天可塑性很强。因此，通过适当的训练，幼儿的灵敏性可以得到提高。

（一）幼儿灵敏性素质发展评价参数

1. 反应时间

反应时间是指个体对外部刺激做出反应需要的时间。在幼儿阶段，反应时间的长短对幼儿的灵敏性具有重要意义。测量幼儿反应时间的方法包括视觉反应和听觉反应，通过观察和记录幼儿对刺激做出反应的时间来评估其反应灵敏性，与反应时间对应的反应速度也是灵敏性的重要指标之一。在相同状况下，反应时间越短，反应速度越快。

2. 动作协调

动作协调是指个体在执行动作时，各个身体部位能够和谐有序地运作。良好的动作协调有助于幼儿更迅速、准确地完成任务。例如，当跑步时，幼儿能够同时协调腿部、腰部和上肢的运动，保持身体的平衡和稳定；当完成手部动作时，幼儿能够较好地进行手眼配合；当抓取玩具或握笔写字时，幼儿能够准确地控制手部动作，并配合视觉反馈，做出准确、稳定的手部动作。

3. 位移技能

位移技能是指个体在空间中移动身体的能力，包括走、跑、跳、爬等。在幼儿阶段，幼儿位移技能的发展对其灵敏性的提高具有显著影响。良好的位移技能有助于幼儿在运动和游戏中更迅速地移动和变换方向，提高其灵敏性。评估幼儿位移技能的方法包括观察幼儿在各种移动情境中的表现，如追逐游戏、障碍跑等。

4. 反应力量

反应力量是指个体应对突发情况时，能够迅速发挥出的力量。在幼儿阶段，幼儿反应力量的发展有助于提高其灵敏性和应对紧急情况的能力。评估幼儿反应力量的方法包括观察幼儿在攀爬、跳跃、搬运等任务中的力量表现，以及通过力量测试来评估其爆发力和耐力。

（二）幼儿灵敏性训练的重要性

1. 培养协调能力

灵敏性训练有助于培养幼儿的身体协调能力，使他们能够更加自如地控制自己的身体动作。这种协调能力不仅在运动中表现突出，还能够帮助幼儿在日常生活中更好地应对各种情境，提高他们的生活自理能力。

2. 减少运动伤害

幼儿在参与运动的过程中，可能会出现因身体不协调、反应迟钝或判断失误导致的运动伤害。通过灵敏性训练，幼儿的身体素质和反应能力得到提高，能够更好地应对各种运动场景，减少运动伤害的发生次数。

3. 提高注意力

灵敏性训练能够帮助幼儿提高注意力的集中度和稳定性。在训练过程中，幼儿需要关注各种信号和指令，迅速做出反应并调整自己的动作和策略。这种训练能够培养幼儿在各种情境下的注意力分配和调整能力，提高其学习的效率和能力。

4. 提高身体素质

灵敏性训练能够促进幼儿身体各方面素质的发展，包括力量、速度、耐力、柔韧性和协调性等。这些身体素质的提高不仅有助于幼儿在运动中的表现，还能够提高其身体健康水平，增强其体质。

知识2 幼儿灵敏性训练的方法与注意事项

幼儿时期灵敏性训练应根据幼儿的身心发展规律，制订科学的、渐进的训练计划。在训练过程中，教师应注重个体的差异，为每个幼儿提供适当的挑战和训练内容，包括追逐游戏、平衡练习、小球类运动、攀爬活动等。这些活动能够提供多样化的刺激和挑战，帮助幼儿锻炼灵敏反应能力，也可以将灵敏性训练融入有趣的游戏情境中，激发幼儿的兴趣和参与度。例如，设计追逐游戏、障碍赛跑、躲闪游戏等，让幼儿在游戏中自然地锻炼灵敏性和动作协调性。

一、灵敏性训练的方法

发展灵敏素养是提高运动能力的一个重要方面，提高力量、速度、耐力、柔韧素养等是培养灵敏素养的根底。灵敏性训练的方法如下：

1）在跑、跳中做迅速改变方向的各种跑、躲闪、突然启动以及各种快速急停和迅速转体练习等。

2）做专门设计的各种复杂多变的练习，如之字跑、躲闪跑、穿梭跑、立卧撑四项组成的综合性练习。

3）限制完成动作的空间练习，如在缩小的球类运动场地进行练习。

4）改变完成动作的速度或速率的练习，如变换动作频率或逐步增加动作的频率。

5）做各种变换方向的追逐性游戏和对各种信号做出应答反应的游戏等。

二、幼儿灵敏性训练的方法

灵敏性是一种将速度、柔韧性、力量等结合的综合素质。一系列训练活动，可以帮助幼儿提高灵敏性，促进其身体健康成长。

（一）简单追逐游戏

简单追逐游戏是一种适合幼儿玩的趣味性训练。在安全的环境下，教师可以引导幼儿追逐，鼓励他们快速奔跑。这个游戏可以培养幼儿的速度和敏捷性，也能让他们享受到运动的乐趣。

（二）球类运动

通过接球、传球、射门等动作，幼儿可以提高手眼协调能力、反应速度和动作准确性。应选择适合幼儿年龄的球类，如大小适合的足球、篮球等，还要确保场地的安全，避免使用过大的球类，以免幼儿无法控制。

（三）跳绳和平衡板

跳绳和平衡板活动可以帮助幼儿提高身体的协调性和平衡感。跳绳通过跳跃配合绳子穿过脚底，锻炼幼儿灵敏性、身体节奏感和跳跃能力。平衡板运动通过让幼儿灵敏地感知到失衡状态，并立刻调整至平衡，锻炼他们的灵敏性、稳定性和协调性。幼儿跳绳时，要选择合适的绳子，避免过重的绳子导致幼儿疲劳。在平衡板上，确保幼儿有足够的支撑点，避免摔倒等意外情况。

（四）迷宫和捉迷藏

迷宫和捉迷藏等活动可以锻炼幼儿的灵敏性、思维能力和空间感知能力。在迷宫中遇到错误路线时，幼儿身体和思维同时运作，寻找正确路线，锻炼他们的灵敏性、方向感和空间感知能力。在捉迷藏中，幼儿需要快速躲藏，提高他们的灵敏性。

三、幼儿灵敏性训练的注意事项

幼儿灵敏性训练是一个综合性的过程，要帮助幼儿提高灵敏性，促进他们的全面发展。需要在以下多个方面加以注意。

（一）安全意识

在灵敏性训练中，安全意识至关重要。教师要确保训练场地的安全，清除可能绊倒幼儿的物品，同时，要向幼儿传授基本的安全规则和自我保护技巧，确保他们在训练过程中能够保持安全。

（二）避免疲劳

在训练中，通过球类活动、追逐游戏等方式提高幼儿反应速度的同时，要避免过度训练，以免幼儿产生疲劳。

（三）注意动作准确性的培养

动作准确性是幼儿在运动中能够准确掌握动作要领的关键。在训练中，教师应注重培养幼儿的控制力和准确性。例如，球类活动中的传球、射门等动作，可以帮助幼儿提高动作准确性。

（四）科学运用反复练习

通过多次重复的动作和游戏，幼儿可以巩固技能，提高灵敏性。但要注意避免过度而单调重复，否则会减少幼儿的练习兴趣。

（五）科学运用多元化训练

为激发幼儿的兴趣，保持训练的多样性是至关重要的。可以采用多种方式进行灵敏性训练，这样可以让幼儿在多样化的训练中保持愉悦的心情，提高活动参与感与积极性，有助于他们全面发展。

（六）注意适当休息和营养补充

在灵敏性训练过程中，要给予幼儿适当的休息时间，以缓解身体的疲劳。同时，保证幼儿摄入充足的营养物质，以满足身体发育和运动所需。在饮食上，注意均衡搭配，提供足够的蛋白质、碳水化合物和水分，以支持幼儿的健康和运动表现。

（七）关注幼儿的心理健康

灵敏性训练不仅要关注幼儿的身体发展，还要关注他们的心理健康。在训练过程中，教师要给予幼儿充分的鼓励和支持，让他们感受到自己的进步和成就。当幼儿遇到困难时，教师要耐心引导他们克服困难，树立自信心，同时，应当保持良好的沟通和互动，及时了解幼儿的心理状态，确保幼儿心理的健康发展。

实　训
幼儿灵敏性训练教育活动设计

幼儿时期是人生发展的关键时期，幼儿自身的灵敏性对其多方面发展至关重要。在实际教学中植入灵敏性训练内容，为幼儿提供优质的发展环境，进而帮助其身心健康成长。

一、提出任务

准备一节幼儿灵敏性训练课。

1. 基本要求

1）通过幼儿灵敏性训练课，锻炼幼儿的身体协调性和灵活性。

2）密切关注不同幼儿个体发育情况，灵活调整训练强度。

3）确保幼儿训练活动的安全。

2. 提升要求

1）通过幼儿灵敏性训练课，促进幼儿整体协调性，提升幼儿运动能力。

2）课程设计应多元化，激发幼儿多方面发展。

二、任务准备

1）教师分组或者同学们自由组合（4~6 人一组为宜）。

2）教师结合示例进行讲解。

3）学生以组为单位对示例进行研讨，充分了解每个示例的设计思路，查找资料，确定设计方案。

4）学生准备活动所需的器械（可以自制简易器械供讲解展示用）。

三、任务实施

1. 教学设计

根据小组讨论结果，填写教学活动设计方案表（表附后）。

2. 教学展示

以小组为单位，根据教学活动设计方案表，一位学生扮演老师，根据教学活动设计可以有助教等角色，其他学生扮演幼儿，完成 5~10 分钟的教学展示。

3. 评价反思

教师组织学生自评、小组互评，教师总结评价本节幼儿灵敏性训练课的课堂效果，提出改进意见。

四、任务实施示例

下面的示例为大家提供参考。同学们在学习示例活动时，要重点思考示例能够实现的教学目标和创新点，为本组教学活动的设计提供思路。

示例一

1. 活动名称

大班动作发展活动“猫捉老鼠”如图 8–1 所示。

图 8–1　猫捉老鼠

2. 活动目标

1）知识技能目标：通过游戏，提高幼儿跑和钻的动作要领。

2）能力培养目标：通过练习，增强幼儿身体灵敏性，能够灵活控制自己的身体。

3）情感态度目标：培养幼儿的团队协作能力。

3. 活动准备

（1）知识准备

幼儿已经具备跑、跳及改变方向、躲闪、急停启动的能力，但是存在反应慢、动作灵敏性不足等情况，结合游戏情景，可以更好地锻炼幼儿反应能力及奔跑速度，帮助幼儿灵敏性的整体提升。

（2）物质准备

猫头饰若干、老鼠头饰若干、沙包若干、纸板搭设的三处鼠洞、多媒体电视及动画片段。部分物质准备如图 8–2 所示。

图 8–2 部分物质准备

4. 活动过程

（1）新课导入

教师播放动画片《黑猫警长》片段，利用有趣的动画将幼儿带入到故事情景中，介绍游戏中的角色，激发幼儿参与兴趣。

教师："小朋友们，大家都看到了黑猫警长的机智，你们想不想扮演一下黑猫警长？让我们一起去玩一玩猫捉老鼠的游戏吧！"

（2）准备部分

教师帮助幼儿戴好猫头饰，播放黑猫警长音乐，幼儿跟随音乐踏步散开，站成四路纵队后，教师再次播放音乐，幼儿随音乐做热身运动：上肢运动——猫捋胡子，手腕和脚腕活动——磨爪子，下蹲后跳起来活动——捕鼠动作。热身运动队列如图 8–3 所示。

图 8-3　热身运动队列

（3）基本部分

教师："小朋友们，大家都看到了黑猫警长很勇敢，谁能告诉我小老鼠要怎么做才能不被捉到呢？"教师引导幼儿回答。

教师："好多小朋友都知道，小老鼠要跑得快还要躲到洞里去才能不被黑猫警长捉到。那谁能展示一下？你要是小老鼠应该怎么钻到洞里去呢？"教师引导幼儿进行动作展示。

教师站在一侧，引导幼儿展示动作要领。

教师："小朋友们在钻洞的时候不要着急，要先观察洞的高度，要弯腰低头，避免撞到。"教师将班级幼儿分为三组，依次练习跑步通过自制鼠洞。

教师讲解示范"猫捉老鼠"游戏的玩法：老鼠钻到洞里，猫在洞外的家里，听到游戏开始的信号后，老鼠要钻到外边偷粮食（沙包），不能一直躲在鼠洞口，被捉到的老鼠要站在边上。

教师将鼠洞放在活动场地的三个方向，每组部分幼儿戴上老鼠头饰，然后游戏开始，同时播放《黑猫警长》中的音乐，教师巡回观察、指导，随时提醒幼儿注意安全。队列和场地规划如图 8-4 所示。

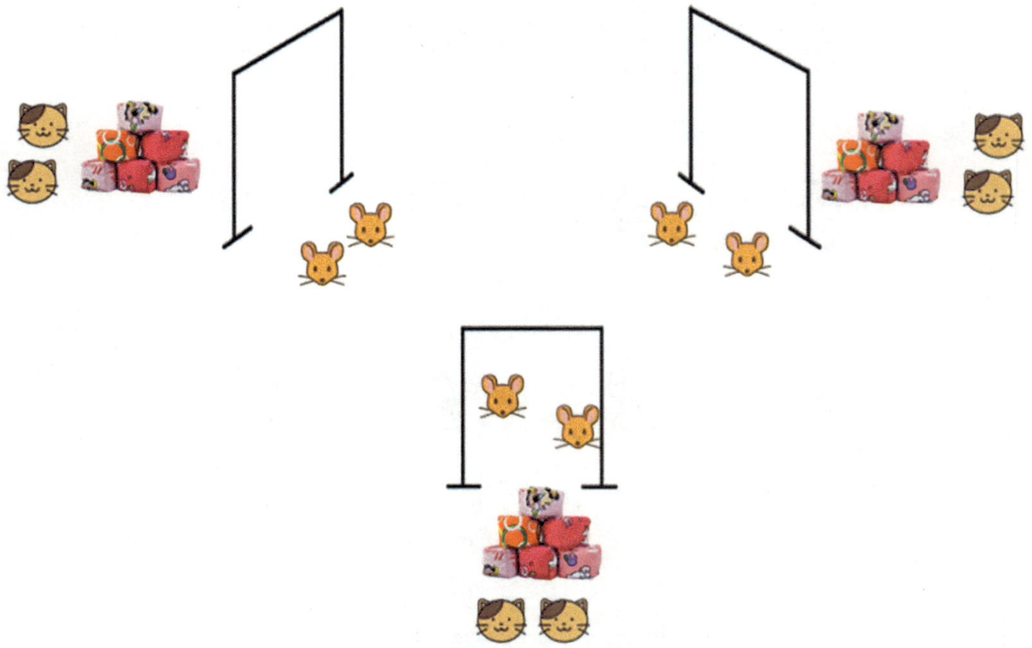

图 8-4　队列和场地规划

游戏一遍结束后，教师肯定成绩，并进行鼓励，并请两三名幼儿再次示范动作，提高跑和钻的动作质量，同时指出游戏中应改进的事项。

调换角色，由原来扮猫的幼儿扮老鼠，进行第二遍游戏，教师巡回指导。游戏结束后，教师进行简单总结，鼓励并表扬姿势正确、钻得迅速、跑得灵活的幼儿。

（4）结束部分

教师组织幼儿站队，教师进行讲评："小猫的本领练得真好，天快亮了，我们捉了一晚上的老鼠了，现在要回家休息了，让我们把精神养得好好的，下次捉更多的老鼠吧。"教师播放轻松音乐，带领幼儿在音乐中做放松运动：小花猫，本领大（抖抖手，抖抖脚），小老鼠，最怕它（拍拍腿，揉胳膊），喵喵喵，喵喵喵（甩甩脑袋），今天要把老鼠抓（弯弯身子笑哈哈）。

教师带领大家收拾活动材料，然后退场。

5. 活动延伸

教师引导幼儿回家后，与家长一起进行猫捉老鼠的游戏。

6. 活动评价与反思

本次活动设计利用情景教学，选择幼儿熟悉的动画片主题，提高了幼儿参与游戏的兴趣与积极性，幼儿通过游戏能够根据自己的角色进行躲闪或追逐，提升了自身灵敏性。

示例二

1. 活动名称

大班灵敏性训练亲子活动“趣味足球赛”如图 8-5 所示。

图 8-5　趣味足球赛

2. 活动目标

1）知识技能目标：让幼儿掌握足球基本技能。

2）能力培养目标：通过练习，增强幼儿带球跑的能力，提高身体灵敏性及协调性。

3）情感态度目标：增进亲子感情，促进家庭和谐。

3. 活动准备

（1）知识准备

幼儿已初步具备带球的技能，但是带球跑的能力比较薄弱，结合亲子游戏，可以提高幼儿参与感，增强自信心。

（2）物质准备

足球、小型足球门网、障碍锥、平衡木。物质准备如图 8-6 所示。

图 8-6　物质准备

4. 活动过程

（1）新课导入

教师展示足球技巧，激发幼儿参与活动的积极性。

教师："小朋友们都踢过足球吗？今天让我们带着爸爸妈妈一起来一场不一样的足球赛吧！"

（2）准备部分

教师带领幼儿站成两列纵队，跟随音乐节奏，围绕活动场地进行慢跑热身。站立后，幼儿随音乐进行热身运动：我是一棵小树苗，风一吹，雨一洒，慢慢慢慢长大了，变成一棵大树来，秋风吹来喽，秋风吹来喽。热身运动队列如图 8-7 所示。

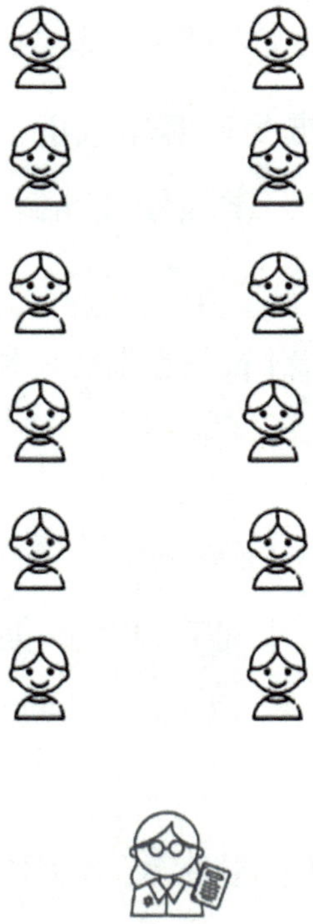

图 8-7　热身运动队列

（3）基本部分

教师："小朋友们，有谁可以给大家展示一下怎么踢球呢？可以和爸爸妈妈一起展示吗？"教师引导幼儿主动回答。

教师引导家庭出列进行带球、踢球进门等展示。

教师："刚刚几组家庭展示得都很优秀，如果给大家加大难度，还可以吗？"教师在活动场地以五个障碍锥为一组，放置一排，引导幼儿家庭展示带球绕障碍锥，教师站在一侧，讲解动作细节要领。

教师布置活动场地，第一组四个障碍锥依次排列，第二组为平衡木，第三组为门网。教师讲解游戏流程：以幼儿家庭为单位，每位家庭成员负责一组障碍物，第一组需要带球一次绕过障碍锥，第二组需要抱球通过平衡木，第三组需要定点踢球入网。队列和场地规划如图 8–8 所示。

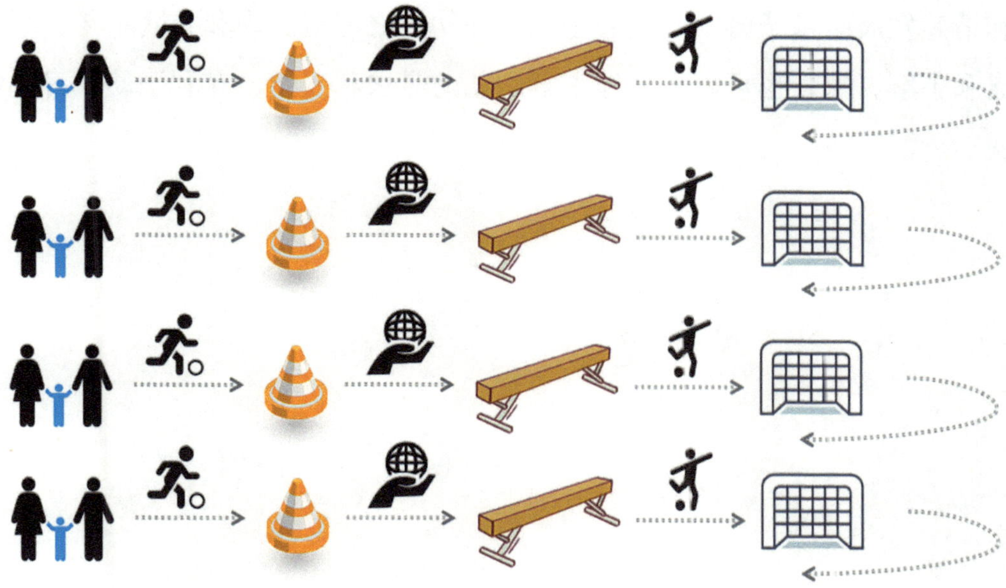

图 8–8 队列和场地规划

分组进行练习，教师可提醒小组成员互换负责的障碍物，练习后，可邀请家庭进行展示。

教师："小朋友们和爸爸妈妈配合得很完美，接下来的比赛看看谁的用时最短，进球最多。"教师将幼儿及家长以家庭为单位进行分组，每组 4 个家庭，依次进行比赛，每个家庭成员完成射门后，其余家庭依次进行，最终以用时最短为胜利。完成后，教师进行相应的表彰。

（4）结束部分

教师组织幼儿站队，总结比赛情况，评选最优家庭。教师播放舒缓音乐，带领大家进行放松运动：轻轻拍拍我的肩膀，轻轻拍拍你的肩膀，轻轻捏捏我的手臂，轻轻捏捏你的手臂，轻轻扭扭我的腰，轻轻扭扭你的腰，轻轻捶捶我的腿，轻轻捶捶你的腿。

教师带领幼儿收拾活动材料，然后退场。

5. 活动延伸

教师引导学生课后进行足球技巧练习。

6. 活动评价与反思

本次活动设计为亲子游戏，家长的积极参与有助于增强亲子关系，促进幼儿的认知和情感发展。亲子游戏的核心是家长和幼儿之间的互动和共同参与，增进彼此的沟通和了解，家长也可以更好地了解幼儿的需求和兴趣，有利于幼儿身心的全方面发展。

教学活动设计方案表

活动名称	
角色扮演分配	教师： 学生：
活动目标	
活动准备	
活动过程	
活动延伸	
活动评价与反思	
活动创新点	

课后思考

1. 幼儿灵敏性训练与传统意义上的青年协调性训练、成人协调性训练有什么区别？
2. 进行幼儿灵敏性训练时需要注意什么问题？教师需要提前做好哪些准备？

模块九
幼儿体能活动的计划与评价

学习目标

- 了解幼儿体能活动计划和评价的意义与价值。
- 学习和掌握幼儿体能活动计划与评价的内容、方法和形式。
- 能够结合实际创造性地开展幼儿体能活动的计划与评价工作。

知识1 幼儿体能活动的计划

幼儿体能活动对幼儿的身体素质、智力、情感等起到了至关重要的作用。根据幼儿各年龄段开展体能活动的目标和要求，结合幼儿身心特点和运动场地、器材设备等具体情况，选择符合幼儿体能训练的内容，进行科学合理的规划，是幼儿园教师开展幼儿体能活动工作的依据。幼儿体能活动的评价，是依据国家对幼儿身心发展的有关要求，结合幼儿身心特点、认知水平和实际发育等情况，由教师对幼儿身心健康发展进行的综合评定。计划与评价密切相关，只有科学合理地进行计划和及时准确地进行评价，才能更好地实现幼儿体能活动的目标。幼儿体能活动的计划与评价也是教师应具备的基本功，教师必须做好此项工作，才能科学、规范、有序地推动幼儿体能活动的健康开展。

一、现状分析

3~6 岁的幼儿身体器官的生理机能尚未发育成熟，幼儿在体能活动中力量、速度、耐力、协调性、柔韧性、灵敏性等身体素质相对薄弱，同时，他们处于生长发育十分快速的时期，需要养成有益终身的健康行为方式。因此，结合幼儿的身体素质和机能，制订一系列符合幼儿体能活动计划，必将为幼儿身心的全面发展打下良好的基础。幼儿体能训练要遵守幼儿体能发展的顺序，一般来说，儿童动作功能发展的顺序分为：姿势摆位（主要发展时期为 0~2 岁）、粗大动作（主要发展时期为 2~4 岁）、精细动作（主要发展时期为 4~8 岁）、技巧技能（主要发展时期为 5 岁以后）。每一阶段的发展都在为下一阶段打基础，只有基础扎实了，身体素质才能循序渐进得到提高。

所以，对幼儿体能训练的重点应放在基础姿势和粗大动作的发展上，注重量而不要一味追求质，即保证运动的时间和适当的强度，不必要求多高的技能和技巧，达到提高体能及整体的身体素质即可。另外，幼儿教师在带幼儿进行体能活动时，必须注意安全第一。

二、制定原则

（一）明确活动目的

制订幼儿体能活动计划时，要充分了解幼儿的年龄、体质、体能、兴趣、性格等方面的特点、现状和实际水平，明确不同年龄班（学年）、不同学期、不同阶段（季节）要达到的目的，并在此基础上，有针对性地选择有利于促进其身心和谐发展的活动内容、形式和方法。

（二）设立活动次数

根据幼儿身体机能、体能和动作发展水平，合理安排活动的次数，确保量力而行，达到预期的活动效果。在实践中，根据幼儿身体实际情况，教师实时改变和修订所选活动的内容及次数。

（三）选择活动形式

不同的活动内容，一般情况下都可以在各种活动形式中进行练习，但不同的活动形式，其活动内容又有所侧重。例如，早操活动，一般以走、跑和做操等集体活动为主；体能及体能教学活动，一般只安排一两个主要动作内容，以教学、指导新的内容为主；户外体能活动，可以安排各种不同的活动内容，既可以有集体活动、分组活动，也可以让幼儿自己选择活动内容；室内体能活动，则要根据室内的现有设施条件，安排相应的活动内容，进行分组或分散自选活动。

三、具体措施

在幼儿园具体活动计划制订时，要根据幼儿不同的年龄阶段，在了解幼儿实际水平和需要的基础上，进行测量、评估，确保活动计划科学合理，符合幼儿的实际能力和水平。幼儿园一般没有单独设计幼儿各年龄阶段每学期及每学年的体能活动计划，而把各领域的教育活动内容相互渗透，统筹安排在学期及学年计划中，这里设计的体能活动计划案例仅供参考，案例一和案例二详细内容分别如表 9-1、表 9-2 所示。

案例一

表 9–1　全年体能活动计划图表（小、中、大班）

活动内容		上学期					下学期				
		九月	十月	十一月	十二月	备注	三月	四月	五月	六月	备注
走	直线走 曲线走 大步走或小步走 足尖走（高人走） 蹲走（矮人走）					1. 结合各阶段综合教育内容进行安排（如认识秋天、冬天等） 2. 结合相应节日，如秋季体能节（运动会）来安排内容					1. 结合各阶段综合教育内容进行安排（如认识春天、夏天等） 2. 结合相应节日，如春季体能节（运动会）来安排内容
跑	直线（曲线）跑 变速跑 变向跑 往返（接力）跑 障碍跑 15~25 米跑 100~300 米跑										
跳跃	双足跳（连续跳） 单足跳（交换跳） 立定跳远 纵跳摸高 助跑跨跳 从高处跳下 助跑跳高										
投掷	双手抛投投远 投准										
平衡	提踵立 单脚站立旋转 走平衡木										
钻	正面钻 侧面钻										
爬	手膝着地爬 手脚着地爬 匍匐爬										
攀登	上、下攀登架（滑梯） 攀岩（爬墙）登山										

（续）

活动内容		上学期					下学期				
		九月	十月	十一月	十二月	备注	三月	四月	五月	六月	备注
滚动滚翻	侧滚动 团身滚动 前滚翻					1. 结合各阶段综合教育内容进行安排（如认识秋天、冬天等） 2. 结合相应节日，如秋季体能节（运动会）来安排内容					1. 结合各阶段综合教育内容进行安排（如认识春天、夏天等） 2. 结合相应节日，如春季体能节（运动会）来安排内容
悬垂支撑	混合悬垂、支撑 单纯悬垂、支撑 悬垂（支撑）移动										
其他	球类运动 游泳 跳绳 滑冰 ⋮										
备注	选择的内容，在每个月相应的空格内划“√”										

案例二

表 9-2　一周体能活动计划

	星期一	星期二	星期三	星期四	星期五
目标	1. 会听口令变换不同的队形 2. 帮助幼儿了解雷电的形成和危害，有初步的自我保护意识	1. 利用帮助小动物盖房子的故事情境进行练习 2. 发展幼儿上下肢力量，进行身体协调训练	1. 能开动脑筋想出多种绳子的玩法并练习双脚跳绳 2. 能双脚并拢跳进跳出 15 厘米高的轮胎	1. 在掌握基本队列基础上学习开花走（大圆变小圆）的基本方法，听口令走成花瓣样 2. 练习单脚跳	1. 距离：2000 米。参观王羲之故居，了解“书圣”王羲之及其书法艺术成就 2. 掌握钻爬动作，协调、灵敏地做游戏
内容	队形练习：大圆开花变成六个小圆，雷响时我不出去	练习搬运：小动物盖房子 游戏：捉小鱼	练习跳绳、一绳多玩 游戏：跳轮胎	队形练习：开花走 游戏：跳房子	远足：王羲之故居 游戏：猫捉老鼠
建议	先用图进行讲解	鼓励幼儿进行团队协作，增进幼儿友谊	鼓励幼儿自己想出玩绳子和跳轮胎的方法	鼓励幼儿多想“跳房子”游戏的变换方式	引导幼儿参观王羲之故居，请导游介绍王羲之书法艺术成就

注：以上案例参照部分幼儿园体能教学计划改编。

知识2 幼儿体能活动评价

对幼儿体能活动的评价是检验体能活动效果的重要环节。合理客观的评价可以促进掌握幼儿体能活动的现状，了解幼儿和教师的发展状况，同时为幼儿体能活动的有效开展提供科学依据。幼儿园体能活动的评价是一个复杂的系统工程。评价的对象、内容繁多，评价的途径、方法、手段和类型也多样。评价要贯穿于体能活动的每一个环节，着眼于幼儿身心发展的每一个方面，为形成幼儿终身参与体能运动的理念奠定良好的基础，为培养幼儿自主精神提供最大可能。也就是说要注重幼儿发展状况、幼儿活动兴趣、动作学习过程和表现和个体成长规律。

一、幼儿园体能工作评价

（一）组织管理

1）领导高度重视，将“体能活动”纳入整个幼儿园工作的议事日程，在每学期保教工作计划中有体现，落实措施必须明确、具体。

2）领导定时检查体能活动实施状况并有记录，发现问题及时整改。

3）科学、全面地评价幼儿的运动能力和身体素质，按时开展幼儿体质测试，记录资料真实、完整，及时进行测试结果分析，指导幼儿进行体能锻炼和游戏活动。

4）有目的、有计划地开展健康领域的教育研究。

（二）环境设施

1）有安全、充足的运动场地。户外场地在夏天有遮阴，在冬天有日照。场地类型丰富，适宜幼儿进行不同类型的活动。能因地制宜拓展幼儿运动空间，创设丰富、自然的活动场地，能充分利用现有场地灵活开展体能活动，注重环境安全。

2）有计划地及时添置、更新和维护体能设施和器材，确保运动设施和器材的安全。

3）有不同功能的大型体能设施，中、小型体能玩具充足，能够满足不同年龄幼儿身体协调发展的需要。

4）适合幼儿年龄特点的各种运动游戏资源，包括民族传统资源的充分开发和利用，自制玩具和材料丰富。

（三）实践活动

1）在园幼儿、教职工全员参与，积极参加体能锻炼。

2）坚持幼儿每天 2 小时的户外活动，确保 1 小时的科学体能活动。

3）坚持每天开展体能游戏活动及民族特色体能活动。

4）能根据季节选编幼儿体操，体能活动形式多样，符合幼儿年龄特点，内容丰富有趣。

5）每周有计划地开展体能教学活动，每学期至少组织一次亲子运动会，每月向社区开放体能设施一两次。

6）活动目标明确，内容丰富有趣，符合幼儿实际发展水平及均衡发展的需要，并能同时进行相关的教育。

7）科学地安排幼儿运动负荷，运动强度和密度适宜，在开展体能活动中对幼儿有积极的保护措施。

8）在户外场地有足够数量的教师监督和管理幼儿。教师站位合理，能够采取有效措施，预防危险发生。教师在活动中注意观察幼儿，适时给予支持和帮助，并且注重幼儿个体差异，及时进行安全教育。

（四）活动效果

1）幼儿运动能力达到本年龄段发展水平，体质测试合格率达 85% 以上。

2）幼儿在体能活动中积极主动、情绪愉悦，并养成良好的锻炼习惯。

3）幼儿平均出勤率不低于 80%，园内无传染病的暴发流行。

4）注意总结积累开展体能活动的经验，在社区有一定影响。

（五）特色活动

体能活动有创新，形成园所文化和体能特色。

二、幼儿园体能活动质量的评价

（一）活动条件

1. 活动时间

1）每天 2 小时户外活动和每周 1 次或 2 次体能教学活动。

2）其中 1 小时的体能活动。

3）各班每次活动时间符合本班幼儿的年龄特征。

2. 活动场地

1）有充足的空间，场地分布合理。

2）因地制宜，创设环境。

3）综合利用各种场所让幼儿锻炼身体。

3. 活动材料

1）活动材料丰富多样。

2）活动材料适应幼儿能力的特殊需要。

3）活动材料能灵活多变，可根据幼儿的需要进行组合。

（二）幼儿活动

1. 活动状态

1）对体能活动有着浓厚的兴趣。

2）情绪饱满和稳定。

3）积极、主动参与体能活动。

2. 行为习惯

1）遵守体能活动的有关秩序。

2）纪律性强，互相合作，共同游戏。

3）有一定的坚持性，不怕困难。

3. 动作发展

1）能够较好地完成适合本年龄特点的各项基本动作。

2）动作较准确，协调性较好。

3）在活动中表现出动作的灵活性与敏捷性。

4. 运动能力

1）走、跑、跳达到年龄标准。

2）平衡、攀爬、投掷、钻达到年龄标准。

3）能够进行适合本年龄段的运动项目。

（三）教师指导

1. 创造条件

1）熟悉并合理选择、安排、调整各活动场地与器械。

2）把握好活动时间。

3）制作和提供有效的活动材料。

2. 活动设计

1）目标定位准确，有针对性和层次性。

2）各运动项目、活动内容的选择与安排适中合理。

3）教学方法灵活多样，具体措施清楚明了。

3. 组织能力

1）激发幼儿兴趣，引导其主动地参与各项体能活动。

2）以语言、动作等做适当的指导，鼓励幼儿运用材料探索多样性的玩法。

3）掌握运动量。运动的强度与密度、相对的动与静应合理安排。

4. 保健安全

1）建立好体能活动常规机制，并能够坚持执行。

2）根据季节、气候、运动器械及具体情况，注意安全与卫生保健工作的配合。

3）指导过程中把握好个体与整体的关系。

三、对体能教学活动的评价

（一）制定目标或任务的合理性、完整性情况

1）目标的全面性与针对性。

2）可操作性。

（二）课中内容安排顺序的合理情况

1）符合幼儿阶段特点。

2）有规律，有利于幼儿掌握。

3）时间安排合理。

（三）采用的教学方法、手段的合适程度

1）合理创设环境和进行资源的有效利用。

2）多样化，能够形成轻松和融洽的活动气氛。

（四）组织形式与各环节的严密流畅

1）有效调控，灵活解决问题。

2）有效的活动指导范围。

（五）运动强度、运动密度的科学性

1）根据内容合理调整活动量。

2）按照年龄特点选择活动量。

3）根据活动效果调整活动量。

（六）教师的仪表仪态、讲解、示范，现场组织指挥能力

1）教师的精神状态。

2）教师正确形象的动作示范。

3）教师生动恰当的言语。

4）教师全面细致的观察。

（七）教学完成情况

1）目标达成度。

2）幼儿参与活动的态度、广度与深度。

3）师幼互动情况。

四、对幼儿体能活动中生理、心理负荷的评价

对幼儿体能活动中生理、心理负荷的常用评价方法有两种：观察法和生理指标测定法（脉搏测定或心率测定）。

（一）观察法

观察是一种受思维影响的，比较有系统的、主动的、有意识的知觉活动。观察法是指有目的、有顺序地感知客观事物的过程，是获取感性经验的基本途径。教师的观察力主要指对幼儿直觉的、原样的、不加任何操作的自然观察能力。这里主要是从幼儿的面色、出汗量、呼吸、幼儿完成的动作、注意力、情绪等方面来判断运动量是否合适。幼儿疲劳程度观察参考见表 9–3 的内容。

表 9–3　幼儿疲劳程度观察参考

观察内容	轻度疲劳	中度疲劳	非常疲劳
面色	稍红	比较红	非常红或者苍白
出汗量	不多	较多	大量出汗（躯干）
呼吸	稍快	明显加快	呼吸急促，节律不稳
动作	动作准确、步态稳	动作摇摆不定	动作失调，反应迟钝
注意力	注意力集中	能集中注意力，但不稳定	注意力分散，反应迟钝
情绪	情绪愉快	略有疲倦	精神疲乏

（二）生理测试方法

与观察法比较，生理测试方法是一种比较客观的方法，它包括对脉搏、呼吸频率、肺活量、体温变化、尿蛋白等方面的测定，这些方法比较复杂，在幼儿园里采用的是脉搏测试法（有条件的可以测心率）。

脉搏测定法是指在活动过程中，教师多次测定幼儿的脉搏，掌握幼儿在活动中脉搏变化的情况，分析运动负荷的安排是否合理。

实 训
制定幼儿体能活动的评价

以下体能活动评价依据的内容以本书模块三幼儿力量训练中示例二“小青蛙捉害虫”为例。

一、活动目标的达成

针对幼儿体能目标的达成评价，主要从幼儿的体能、知识与技能、态度与参与、情谊与合作四个方面给予评价（见表 9–4），教师在幼儿进行体能训练的过程中，通过观察、数据统计等方式，对幼儿的学习表现进行记录，结合幼儿的个体情况，教师对每一名参与的幼儿进行评价。★为项目重要性标记，★越多的项目越要重点关注。

表 9–4　幼儿体能目标达成评价表

评价内容	学习表现		教师评价
体能	单脚跳、双脚跳测量数据	★★★	
知识与技能	会做单脚跳、双脚跳动作，并能简单说出动作术语	★★★★★	
态度与参与	能积极主动参与活动	★★★★	
情谊与合作	在克服困难、建立自信心方面的表现	★★	

二、教学组织的评价

（一）活动时间

“小青蛙捉害虫”的活动时间为上午时段，因为本课程场地选择为室内，受天气、气温等因素影响较小，如场地为室外，则需要将活动时间设置在上午 10 点之前或下午 3 点之后。

（二）活动场地

本课程内容建议在室内场馆开展，如果选择室外则需要保证场地平整。

（三）活动器材

活动器材多结合故事情节来进行设置，道具器材颜色鲜艳，造型贴近故事，能调动幼儿练习的积极性。

（四）教学方法

1. 情景教学法

“小青蛙捉害虫”的故事对幼儿来说比较有吸引力，在课程开展的过程中，帮助农民伯伯的情节，也可以调动幼儿锻炼的积极性，增强幼儿助人为乐的理念。

2. 讲解示范法

教师在进行单脚跳、双脚跳的教学中，边讲解边示范，让幼儿通过模仿动作，进而掌握跳跃动作技能，从而实现教学的目标。

3. 巡回指导法

幼儿在练习的过程中，教师深入幼儿中间，进行动作纠错、优生评价等，促进幼儿动作技能的掌握。

4. 分解练习法

本课程秉承由易到难、由简到繁的原则，先进行简单动作的练习，进而结合情景进行双脚跳、单脚跳的练习，逐渐加大练习难度，逐步提高幼儿体能。

5. 循环练习法

通过循环练习的方式，加强幼儿肌肉的记忆力，促进其动作技能的掌握。循环练习的强度要结合幼儿自身的情况，不可采取“一刀切”的方式。

（五）运动强度、运动密度的评价

运动强度指身体练习对人体生理刺激的程度，常用生理指标来表示其量值，如使用心率来衡量体能运动量的大小，一般认为运动后心率在 120 次 / 分以下为运动强度小，处于 120~150 次 / 分之间为运动强度中等，超过 150 次 / 分则认为运动强度大。运动密度指在一次体能活动中，幼儿实际练习的时间占活动总时间的百分比，活动密度越大则活动量相对较大。另外，运动时间的长短也会影响运动量的大小。教师要合理把握幼儿运动强度与运动密度之间的关系，一般体能训练的课程，也可以参照本模块幼儿疲劳程度观察参考表来进行评价。

（六）教师能力评价

1. 教师仪容仪表、言语及精神状态

本课程内容为情境教学，需要教师利用自身及周围资源为幼儿营造故事情境，引导幼儿在故事中进行学习并练习。在本课程中，教师可以利用青蛙头套或服装、农民伯伯头套等道具进行自身仪容仪表的准备，语言要温柔，符合故事的情节，精神饱满，富有感染力。

2. 教师的专业技能

教师的专业技能是教学的基础，本课程中动作的讲解与示范、巡回指导与纠错等环节对教师的专业技能提出要求，教师要结合幼儿的情况进行认真细致的备课，对本节课的专业技能进行积极准备。

3. 教师现场组织能力

教师现场的组织能力是考验教师能力的重要方面，3~6 岁的幼儿自控能力不强，尤其是当看到荷叶、青蛙、害虫等道具时，课程现场难免会出现不受控的现象，这就需要教师能进行现场的组织与控制。一般而言，课程会有助教老师给予辅助，协助教师进行现场组织与控制。

另外，教师还要具有全面细致的观察能力，由于幼儿的运动能力存在差异，在技能教授、练习的过程中，教师需要对幼儿进行全面细致的观察，给予幼儿客观合理的评价。

参考文献

[1] 谷长伟. 幼儿园体能活动设计与教学指导 [M]. 北京：中国农业出版社，2022.

[2] 人民教育出版社体育室. 幼儿园体育活动的理论与方法 [M]. 北京：人民教育出版社，2013.

[3] 田麦久，刘大庆. 运动训练学 [M]. 北京：人民体育出版社，2012.

[4] 杨金凤. 运动中成长：幼儿运动活动中师幼积极有效互动的探索 [M]. 上海：上海教育出版社，2011.

[5] 齐默尔. 幼儿精神运动学手册 [M]. 蒋丽，唐玉屏，王琳琳，译. 南京：南京师范大学出版社，2008.

[6] 齐默尔. 幼儿运动教育手册 [M]. 杨沫，易丽丽，译. 南京：南京师范大学出版社，2008.

[7] 汪超. 幼儿园体育活动设计与指导 [M]. 上海：复旦大学出版社，2011.

[8] 麦少美，孙树珍. 学前儿童健康教育活动指导 [M]. 上海：复旦大学出版社，2005.

[9] 袁爱玲，何秀英. 幼儿园教育活动指导策略 [M]. 北京：北京师范大学出版社，2007.

乐理与视唱
唱歌与幼儿歌曲弹唱
钢琴与幼儿歌曲伴奏
舞蹈与幼儿舞蹈创编
手工
绘画
幼儿园教育活动设计与指导（体能）

ISBN 978-7-111-75634-7
9 787111 756347 >
策划编辑◎刘益汛
定价：45.00元